GEORG MARKUS
Im Spiegel der Geschichte

GEORG MARKUS

Im Spiegel der Geschichte

Was berühmte Menschen erlebten

Mit 92 Abbildungen

Amalthea Verlag

Besuchen Sie uns im Internet unter: amalthea.at

© 2022 by Amalthea Signum Verlag, Wien
Alle Rechte vorbehalten
Umschlaggestaltung: Elisabeth Pirker/OFFBEAT
Umschlagmotiv: © ullstein bild – Nicola Perscheid/Ullstein Bild/picturedesk.com
Lektorat: Madeleine Pichler
Herstellung und Satz: VerlagsService Dietmar Schmitz GmbH, Heimstetten
Gesetzt aus der 12,75/17,35 pt Chaparral Pro Light
Designed in Austria, printed in the EU
ISBN 978-3-99050-234-1

Für Lilli,
meine Enkelin

INHALT

Auf Dachböden, in Kellern und alten Truhen
Vorwort . . . .　13

DER FRANZ-LEHÁR-FUND

»Niemand liebt dich so wie ich«
Franz Lehárs bisher unbekannte Lovestory . . . .　20

KAISERLICH-KÖNIGLICHES

Habsburgs König der Ukraine
Erzherzog Wilhelms unerfüllter Traum . . . .　64

»Ich bin schon längst gestorben«
Die geheimen Gedanken der Kaiserin Elisabeth . . . .　71

Kronprinz Rudolfs Schwiegervater
Die Verbrechen des Königs von Belgien . . . .　86

Der Erzherzog von Hollywood
Die Filmkarriere eines Habsburgers . . . .　89

Historische Kriminalgeschichten

Der Frauenmörder von Paris
Kriminalfall Henri Landru 96

Der berühmteste Gangster aller Zeiten
Das Leben des Al Capone 98

Wie starb Sunny von Bülow?
Kriminalfall in Adelskreisen 103

Von Liszt über Wagner bis Loriot
Die weitverzweigte Familie von Bülow 105

Drei Baumeister der Republik

»Österreich ist frei«
Die Tochter erinnert sich an Leopold Figl 110

Der Mann mit der Virginia
Staatsvertragskanzler Julius Raab 116

Kreisky sehr persönlich
Aus den privaten Tagebüchern eines Mitstreiters 119

Die kleine österreichische Welt

Von echten und falschen Dienstmännern
Als es in Wien noch Gepäckträger gab 134

Lebensrettung durch unauffindbaren Schmuck?
Eine Baronin überlebt den Ringtheaterbrand 139

Die Straße, die in den Himmel führt
Wo die Prominenz wohnte 142

»Gemma, gemma, Vaterl!«
Geschichten von der Wiener Polizei 161

Einer der reichsten Österreicher seiner Zeit
Der Bierbrauer Anton Dreher 168

Der chinesische Minister aus Wöllersdorf
Die seltsame Karriere des Jakob Rosenfeld 173

»Haben schon gewählt?«
Anna Demels doppelte Hochzeit 176

Plötzlicher Tod während eines Boxkampfes
Wie der Schauspieler Robert Lindner starb 179

Die Rettung der Hofburg
Wie die Habsburgerresidenz vernichtet werden sollte 181

Nachrufe

Das Ende der heilen Welt
Peter Alexander, 1926–2011 192

Nie wieder ins Maxim
Johannes Heesters, 1903–2011 196

»Ich hab immer nur den Eckhardt gespielt«
Fritz Eckhardt, 1907–1995 198

»Hier wird's mir schon ein bissl fad«
Paul Hörbiger, 1894–1981 201

»Ordnung in sein Leben gebracht«
Attila Hörbiger, 1896–1987 205

»Zugeflogen ist mir nichts«
Paula Wessely, 1907–2000 207

Nicht nur in den Plastiksackerln
Marcel Prawy, 1911–2003 211

Viel mehr als ein Journalist
Hugo Portisch, 1927–2021 214

Dunkle Seiten, Ängste und Albträume
Udo Jürgens, 1934–2014 216

MUSIKALISCHES

Die Häuser des Walzerkönigs
Wie Johann Strauss sein Vermögen anlegte 222

Die vergessenen Strauss-Schwestern
Auch Anna und Therese sollten dirigieren 232

»Das Schicksal hat uns alles genommen«
Der tragische Tod des Tenors Fritz Wunderlich 234

GESCHICHTEN AUS DEM REST DER WELT

Einreiseverbot für den »Tramp«
Charlie Chaplin darf nicht in die USA 242

Die Anwälte plädieren auf Totschlag
Marlon Brandos Sohn vor Gericht 246

»Ich habe Vorfahrt!«
Der tödliche Unfall von James Dean 252

Der Mann, der Hans Albers war
oder Die schöpferischen Kräfte im Fleischergewerbe 257

AUS DER WELT DER SCHRIFTSTELLER

Hofrat und Dichter
Das dramatische Leben des Franz Grillparzer 262

Der Dichter geht zur Polizei
Schnitzlers Streit mit dem Hausbesorger 266

»Der alte Mann« war erst siebzehn
Die Entdeckung eines jungen Genies 269

AUS DEM BRITISCHEN KÖNIGSHAUS

Hofmannsthal und die Queen
Die Verbindung des Dichters zum britischen Königshaus 272

Der Mann, der sich ans Bett der Queen setzte
Nächtlicher Einbrecher im Buckingham Palace 283

Prinz Charles oder Mistelbach?
Auf einen Plausch mit dem Thronfolger 285

Quellenverzeichnis 291
Text- und Bildnachweis 294
Namenregister 296

Auf Dachböden, in Kellern und alten Truhen
Vorwort

Als ich neulich in den Spiegel sah, dachte ich mir: Mein Gott, wie alt er doch geworden ist, der Spiegel.« Hat einmal ein witziger Mensch gesagt und damit ein Thema angeschnitten, das früher oder später jeden und jede von uns betrifft. Was immer wir im Spiegel der Geschichte betrachten, ist alt geworden, egal, ob es sich vor zehn, vor fünfzig oder hundert Jahren zugetragen hat. Andererseits ist sie auch ganz jung geblieben, die Geschichte. Und mitunter sehr lebendig – immer dann nämlich, wenn man Neues entdeckt, das Jahrzehnte oder gar Jahrhunderte im Verborgenen geblieben ist.

Die bislang unentdeckten Schätze lagern auf Dachböden, in Kellern und alten Truhen und warten nur darauf, aufgespürt und gehoben zu werden. Erfreulicherweise gelingt das immer wieder, oft mithilfe meiner aufmerksamen und mir zugeneigten Leserinnen und Leser. Schon das erste Kapitel ist ein Beweis dafür. Ein Wiener überreichte mir ein Konvolut, das er von seiner Mutter geerbt hat. Das Besondere daran: Die darin befindlichen, nie zuvor veröffentlichten Briefe stammen aus sehr prominenter Hand. Sie wurden von keinem Geringeren als Franz Lehár geschrieben und stellen einen historisch einzigartigen Schatz dar: die private und zuweilen intime

Post, die der Operettenkönig eineinhalb Jahre lang an eine sehr junge, sehr hübsche Frau geschickt hat. Blieb der Komponist in seiner Verehrung anfangs noch zurückhaltend, so zeigt er mit jedem neuen Schreiben die immer größer werdende Zuneigung bis hin zur Liebe inklusive Geheimtreffen in Bad Ischl. Doch die große Liebe des Komponisten findet ein tragisches Ende.

Kaiserlich-Königliches darf in einem Buch, das Österreich im Spiegel der Geschichte zeigt, nicht fehlen. Im Besonderen stechen zwei Erzherzöge heraus. Der eine – und das ist im Jahr 2022 ziemlich aktuell – war nahe daran, König der Ukraine zu werden. Der andere wollte in Hollywood Karriere machen.

Kein »echter« Habsburger, aber der Schwiegervater des Kronprinzen Rudolf war König Leopold II. von Belgien, einer der blutrünstigsten Monarchen auf Europas Thronen, der in seiner Habgier und seiner Skrupellosigkeit Millionen Menschen versklaven und hinrichten ließ. Seine Verbrechen wurden bislang viel zu wenig aufgearbeitet.

Dass Kaiserin Elisabeth sehr persönliche Gedichte und Tagebucheintragungen verfasst hat, ist Kennern der österreichischen Geschichte bekannt – es hat sie nur wegen ihrer Fülle und eher bescheidenen literarischen Qualität kaum jemand gelesen. Ich habe daher versucht, ihre Darlegungen radikal zu kürzen, den Fokus auf das Wesentliche zu richten und so ihre zuweilen revolutionären und gegen die eigene Familie gerichteten Gedanken erkennbar zu machen.

Weg von den kaiserlichen Hoheiten bewegen wir uns im Kapitel *Historische Kriminalgeschichten*. Da geht es um den Frauenmörder Landru, den legendären Mafioso Al Capone und die Geschichte des nie geklärten Todes der Millionärin Sunny von Bülow, deren Ehe-

Vorwort

mann lange als Hauptverdächtiger galt. Und weil die Familiengeschichte derer von Bülow so außergewöhnlich ist, wird sie im Anschluss an den Kriminalfall auch gleich erzählt: von Richard Wagner bis Loriot.

Von *Drei Baumeistern der Republik* handelt das gleichnamige Kapitel, nämlich von Leopold Figl, dessen Tochter mir aus seinem dramatischen Leben erzählte, vom Staatsvertragskanzler Julius Raab und von Bruno Kreisky. Letzterer kann aus nächster Nähe erforscht werden, da sein Handelsminister Josef Staribacher während Kreiskys dreizehnjähriger Kanzlerschaft ein Tagebuch führte, in dem er seine Erlebnisse mit dem »Sonnenkönig« akribisch niederschrieb. Manchmal auch durchaus kritisch. Die Tagebücher befinden sich heute im Bruno Kreisky Archiv.

In der *Kleinen österreichischen Welt* spielen Dienstmänner mit, aber auch eine Baronin, die auf wundersame Weise die Vorstellung des Ringtheaters überlebte, in der durch einen Großbrand mehr als dreihundert Menschen ums Leben kamen.

Die am Rande des Wienerwalds gelegene Himmelstraße in Wien-Grinzing zählt zu den schönsten Verkehrswegen der Stadt, weshalb wohl in keiner anderen Straße so viel Prominenz zu Hause war wie in dieser: Zwei Bundespräsidenten, zwei Bürgermeister, Österreichs bedeutendste Schauspielerdynastie, mehrere weltberühmte Komponisten, ein nicht minder berühmter Dirigent, ein Nobelpreisträger, Architekten, Maler, Wissenschaftler ...

Berühmt, wenn auch auf ganz andere Weise, wurde ein Wiener Polizist, dessen Geschichte im Kapitel *Gemma, gemma, Vaterl!* erzählt wird. Er regelte den Verkehr an der Ringstraße so virtuos, dass Fußgänger wie Autofahrer dem »Toscanini von Wien« Applaus spendeten. In der *Kleinen österreichischen Welt* geht es auch um einen Arzt, der in Wöllersdorf bei Wiener Neustadt aufwuchs und später chinesischer Gesundheitsminister wurde, um die Grande Dame der Wiener Zuckerbäckerinnen, Anna Demel, und um einen Burgschauspieler, der sich über den Verlauf eines Boxkampfes dermaßen aufregte, dass er tot umfiel. In einem anderen Kapitel trifft das Schicksal einen Opernsänger, der so unglücklich über eine Treppe stürzte, dass auch er nicht überlebte.

In *Die Rettung der Hofburg* schildere ich, wie ein paar beherzte Wiener in den letzten Tagen des Zweiten Weltkrieges die von flüchtenden SS-Männern geplante Sprengung der Hofburg verhinderten. Auch die Quellen zu dieser Geschichte zählen zu den eingangs erwähnten Schätzen, die auf Dachböden, in Kellern und alten Truhen darauf warten, gehoben zu werden. Es war wieder ein treuer Leser, der mir die Unterlagen und Dokumente zu diesem Kapitel zur Verfügung stellte.

In den fünfzig Jahren, seit ich Journalist bin, kam immer wieder die traurige Aufgabe auf mich zu, Nachrufe schreiben zu müssen. Ich habe einige davon ausgesucht, die zu verfassen mir besonders naheging, da ich die Verstorbenen persönlich gekannt habe oder gar mit ihnen befreundet war. Es sind Auszüge aus den Nekrologen auf Peter Alexander, Johannes Heesters, Fritz Eckhardt, Paul und Attila Hörbiger, Paula Wessely, Marcel Prawy, Hugo Portisch und Udo Jürgens.

Auf Udo Jürgens folgt logischerweise *Musikalisches*. Wenn wir am Beginn dieses Buches Persönliches über Franz Lehár erfahren, dann steht hier wohl auch dem Walzerkönig ein Kapitel zu: Es geht um das Erbe von Johann Strauss Sohn – nicht um das künstlerische, das ist ja hinlänglich bekannt –, sondern um das materielle. Auf den Seiten 222–232 wird das private Testament des Walzerkönigs eröffnet, aus dem hervorgeht, wie er sein nicht unbeträchtliches Vermögen anlegte. Um es gleich vorwegzunehmen: vor allem in Immobilien.

Wussten Sie übrigens, dass Johann Strauss auch zwei Schwestern hatte? Sie sollten angeblich wie ihre berühmten Brüder die Strauss-Kapelle als Dirigentinnen übernehmen. Doch der Plan zerschlug sich.

Nach den vorwiegend österreichischen komme ich im Spiegel der Geschichte einmal mehr auf internationale Themen zu sprechen. Etwa, wie man Charlie Chaplin die Einreise nach Hollywood verwehrte, obwohl dort fast alle seine Filme gedreht wurden. Oder dass Marlon Brandos Sohn wegen Totschlags vor Gericht stand. Und wie es dazu kam, dass James Dean mit seinem Porsche in den Tod raste.

Im Kapitel *Aus der Welt der Schriftsteller* schildere ich das familiäre Drama Franz Grillparzers und zitiere aus einem Brief Arthur Schnitzlers an das zuständige Polizeikommissariat, in dem er sich über einen Hausbesorger beschwerte, der zu einer für ihn ungünstigen Stunde die Teppiche ausklopfte. Ja, auch große Leute haben kleine Sorgen.

Dass wir den Namen Hofmannsthal im Abschnitt *Schriftsteller* finden, wird nicht weiter verwundern, dass er aber auch im Kapitel über das britische Königshaus auftaucht, wird erstaunen. Und doch: Die Familie Hofmannsthal ist durch Einheirat mit dem Haus Windsor verwandt. Wie genau, das erfahren Sie ab Seite 272.

Ein weiterer Royal in diesem Buch ist Prinz Charles, den ich im Frühjahr 2017 in der Wiener Hofburg traf – obwohl ich eigentlich in Mistelbach hätte sein sollen.

Vieles von dem, das in diesem Buch steht, konnte ich nur heraus-

Auf Dachböden, in Kellern und alten Truhen

finden, weil ich so lange schon über historische Themen schreibe. Und so kam es, dass ich, ehe ich dieses Vorwort zu Ende gebracht hatte, noch einmal in den Spiegel sah. Und mir dabei dachte: Vielleicht ist es doch nicht der Spiegel, der alt geworden ist.

Georg Markus,
Wien, im August 2022

Danksagung

Mein Dank gilt in erster Linie meiner lieben Frau Daniela, die mir seit 23 Jahren zur Seite steht und eine wichtige Ratgeberin ist.

Weiters danke ich den folgenden Personen für Auskünfte und Anregungen: Walter Riegler, Nikolaus und Dorothea Quidenus, Roman Eccher, Christoph Schmetterer, Michael Borsky, Wolfgang Dosch, Otto Schwarz, Erich und Monika Streissler, Hermine Kreuzer, Helga Papouschek, Michael Göbl, Elisabeth Friedrich, Gregor Merkel, Margarethe Leputsch, Franz Reisinger, Anneliese Figl, Paul Vécsei, Maria Steiner, Franz Luger, Markus Spiegelfeld, Dagmar Koller, Ina und Sebastian Peichl, Hans Stolz, Clarissa Henry, Alfred Paleczny, Melitta Mörtl, Othmar Koresch, Oliver Rathkolb, Reinhold Sahl, Brigitta Köhler, Eduard Strauss, Arabella Amory geb. von Hofmannsthal, Octavian von Hofmannsthal, Konrad Heumann, Katja Kaluga, Charles Prince of Wales, Christian Kern, weiters Katarzyna Lutecka, Madeleine Pichler, Lucia Bräu, Jennifer Sandhagen und Theresia Zeilinger vom Amalthea Verlag sowie Dietmar Schmitz.

DER FRANZ-LEHÁR-FUND

»Niemand liebt dich so wie ich«

Franz Lehárs bisher unbekannte Lovestory

Und es passiert ja doch immer wieder. Dass ich aus dem Kreis meiner Leserinnen und Leser Hinweise bekomme, die mich auf historisches Neuland vordringen lassen. In diesem Fall fragte mich Herr Walter Riegler Anfang März 2022, ob ich an der Geschichte einer jungen Dame interessiert wäre, die Franz Lehár offensichtlich sehr nahestand. Er hätte die dazugehörige, noch nie publizierte Korrespondenz, die eine romantische Lovestory belegen würde.

Natürlich war ich interessiert. Und so trafen wir uns ein paar Tage später im Café Landtmann. Herr Riegler, ein ehemaliger Volksschullehrer, öffnete eine mitgebrachte Tasche und entnahm ihr mehrere Unterlagen, die er vor mir auf dem Kaffeehaustisch ausbreitete. Zuerst ein Album mit Fotos Franz Lehárs und der Einrichtung seiner Villa in der Hackhofergasse Nummer 18 in Wien-Nußdorf. Auf dem Foto der ersten Seite dieser eindrucksvollen Dokumentation stand klein und kaum leserlich »Dein Franz«.

Und auf einem anderen Foto: »Meiner lieben Geri! Franz, Wien 9. 9. 1942«.

Wer, bitte sehr, ist Geri?

»Dein Franz«: Schnappschuss Franz Lehárs vom Garten aus in sein Musikzimmer. Foto aus dem privaten Album, das der Operettenkomponist Geri schenkte

Als nächsten Schritt nahm Herr Riegler ein mittelgroßes Kuvert aus der Tasche, das vollgefüllt war mit Post- und Ansichtskarten. Die erste Karte datiert mit 31. Mai 1942, die letzte mit 26. August 1943, eine weitere war undatiert.

Die neunzehn allesamt während des Krieges verfassten Karten waren in einer Mischform von Kurrent- und Lateinschrift beschrieben und begannen allesamt mit den Worten »Liebe Geri« oder »Liebste Geri«. Die Unterschrift lautete meist »Dein Franz«.

Auf der Rückseite waren entweder Porträtfotos Franz Lehárs, Zeichnungen oder Bilder der Städte, in denen er die Karten aufgegeben hatte. Bilder von Wien, Bern, Zürich, Budapest und Bad Ischl.

Der Franz-Lehár-Fund

Wer sich ein wenig mit dem Leben des Operettenkomponisten beschäftigt hat, erkennt sofort, dass es sich um Originalhandschriften Lehárs handelt. Und es waren nicht irgendwelche Urlaubsgrüße, die da versandt wurden, sondern Liebesgeständnisse eines Herrn in reifen Jahren an eine sehr junge Dame.

Da auf den Karten keine Briefmarken klebten, war klar, dass die intime Post in Kuverts verschickt wurde, oft vermutlich durch einen Boten überbracht. Verständlich, denn es war klar, dass den Inhalt niemand außer Geri lesen sollte. Immerhin war Lehár zum Zeitpunkt dieser ungewöhnlichen Affäre seit achtzehn Jahren verheiratet.

Da die »Liebesgrüße aus Ischl« und anderen Städten also in Kuverts aufgegeben wurden, ist auf den Karten nur der Vorname »Geri«, jedoch weder Familienname noch irgendeine Adresse erwähnt.

Aber halt, eine Karte ist doch frankiert versandt worden: die allererste, vom 31. Mai 1942. Und auf ihr steht: »Fräulein Geri von Leithe, Wien XIX., Hackhofergasse 15«.

Interessant. Fräulein Geri war also die Nachbarin des Komponisten, das Haus Nummer 15, in dem sie lebte, steht exakt vis-à-vis der Lehár-Villa. Er wohnte mit seiner Frau in der Hackhofergasse 18, man kann heute noch durch die jeweiligen Fenster ins gegenüberliegende Haus schauen.

Herr Riegler vertraute mir den historischen Fund an, ich nahm Album und Korrespondenz mit nach Hause, ordnete die Karten chronologisch und begann zu lesen. Das war nicht immer ganz leicht, denn Franz Lehár schrieb in einer zum Teil sehr eigenwilligen Kurrentschrift. Aber schließlich ist es doch gelungen, den Inhalt der Karten vollinhaltlich zu entziffern.

»*Niemand liebt dich so wie ich*«

Nehmen wir die erste, jene, die uns den Namen der jungen Dame verrät, zur Hand. Die Vorderseite der Karte, die ihr Franz Lehár schrieb, zeigt eine Fotografie des Hotels Bellevue Palace in Bern, in dem Lehár damals – mitten im Zweiten Weltkrieg – abgestiegen ist. Der Inhalt der Karte ist zu diesem Zeitpunkt förmlich und harmlos – aber das sollte sich im Laufe der Zeit noch ändern.

Bern, 31. 5. 42
Fräulein Geri von Leithe, Wien XIX., Hackhofergasse 15.
Liebste Geri! Gestern dirigierte ich hier »Giuditta«. Es war ein Riesen Erfolg. Schade, dass Du nicht dabei warst. Viele Grüsse an Dich – Deine lieben Eltern und Großmama.
Dein Onkel Franz, 5 Uhr früh!

»Onkel Franz«, das klingt so, wie es sich für einen 72-jährigen Herrn der alten Schule gehört, der einem sechzehnjährigen Mädchen schreibt, dessen Eltern und Großmutter er gekannt haben muss.

Etwa zwei Wochen später ist Lehár nach wie vor in der Schweiz unterwegs, immer noch seinen Dirigierverpflichtungen nachkommend. Der Inhalt der zweiten Karte – auf der nun das berühmte Hotel Baur Au Lac abgebildet ist – ist ebenso harmlos wie der der ersten:

Zürich, Hotel Baur Au Lac 16. 6. 1942
Liebe Geri! »Land des Lächelns« Basel glänzend ausgefallen. Bin wieder in Zürich. Morgen dirigiere ich hier »Land des Lächelns«. Dich und Deine lieben Eltern grüßt herzlich
Dein Onkel Franz.

Es vergehen zwei Monate, die Lehár wie jedes Jahr mit Ehefrau Sophie in seiner Sommervilla in Bad Ischl verbringt, bis er die nächste Karte losschickt. Jetzt fällt bei der Verabschiedung schon das Wort »Onkel« weg. Die Karte mit einem Autogrammfoto des Komponisten belegt, dass die Korrespondenz nicht einseitig ist. Auch Geri schreibt ihrem Nachbarn in der Hackhofergasse. Während sie seine Karten – die ja immerhin von einem weltberühmten Mann stammen – aufhebt, ist anzunehmen, dass der verheiratete Franz Lehár Geris Briefe nach Erhalt vernichtet. Jedenfalls sind sie nicht auffindbar.

> Wien 14. 8. 1942
> **Liebste Geri! Mit dem heutigen Brief hast Du mir eine ganz besondere Freude bereitet. Wann kommst Du wieder zurück nach Wien? Ich hab hier so viel Arbeit vorgefunden, dass ich gar nicht mehr weiß, wann ich nach Ischl fahren kann. Schaue oft zu Deinem Fenster hinüber. Es wird fleißig gelüftet. Vom Kätzchen ist aber keine Spur mehr. Schickst Du mir noch einen recht netten schönen Brief? Allerherzlichst**
> **Dein Franz.**

Während Geri sich offenbar noch in den Sommerferien befindet, hat Lehár so viel zu tun, dass er in Wien bleiben muss – und hofft, dass sie bald zurückkehrt. Nur zwei Tage später schickt er die nächste Karte an Geri (auf der Rückseite ist seine Villa in Ischl abgebildet):

»Schickst Du mir noch einen recht netten schönen Brief? Allerherzlichst
Dein Franz«: Porträtkarte Lehárs vom 14. August 1942

Wien 16. 8. 1942

Liebste Geri! Wie verlockend mein Ischler Häuschen aussieht und ich kann von Wien noch immer nicht herkommen. Heute hab ich mit meiner grossen Arbeit, dem »Garabonciás diák« angefangen.

Es würde vorwärts gehen, wenn ich mich der Sache voll und ganz widmen könnte.

Ich beneide Dich um die herrlichen Ausflüge die Du unternimmst.

Sollte es aber regnen – dann setz Dich zum Schreibtisch und schreib einen 4 – 6 Seiten langen Brief.

Dein Dich herzlich grüssender Franz

»Dein Dich herzlich grüssender Franz«, Karte Lehárs an Geri vom 16. August 1942

»Niemand liebt dich so wie ich«

Lehár ist damals ein gefragter Dirigent seiner eigenen Kompositionen, doch seine große Zeit als Schöpfer populärer Operetten ist schon vorbei. Das letzte bedeutende Werk seines Lebens ist mehr als acht Jahre davor entstanden. Es war *Giuditta,* uraufgeführt am 20. Jänner 1934 an der Wiener Staatsoper. Das Libretto stammte von Paul Knepler und Fritz Löhner-Beda, es sangen Richard Tauber und Jarmila Novotná. Jetzt, im August 1942, kann keiner dieser Künstler in Wien sein, denn sie alle werden vom NS-Regime verfolgt: Knepler und Tauber sind in der englischen Emigration, Jarmila Novotná in den USA und Fritz Löhner-Beda sitzt, einem schrecklichen Ende entgegensehend, im KZ Buchenwald.

Fast alle Lehár-Operetten wurden von jüdischen Librettisten getextet – sie werden auch weiterhin in Nazi-Deutschland aufgeführt, aber die Namen der Autoren von Plakaten und Programmheften eliminiert.

Das auf der vorigen Karte vom 16. August 1942 erwähnte Singspiel *Garabonciás diák* ist kein Originalwerk, sondern eine textliche und musikalische Neufassung der 1910 entstandenen Lehár-Operette *Zigeunerliebe,* deren »Teufelsgeiger« Jozsi jetzt zum fahrenden Studenten wird. Die Uraufführung soll am Königlichen Opernhaus in Budapest stattfinden.

Im Frühherbst 1942 schenkt Lehár seiner schönen Nachbarin ein großes, gerahmtes Porträtfoto, dessen Widmung zeigt, dass er seine bisherige Scheu überwunden hat und jetzt schon ziemlich direkt wird. Wagt er es doch, an den unteren Rand des Bildes ein paar Noten mit einer unmissverständlichen Zeile aus seiner Operette *Paganini* zu schreiben:

Niemand liebt Dich so wie ich ..... Meiner lieben Geri allerherzlichst gewidmet. Franz Lehár Wien, 13. 9. 1942.

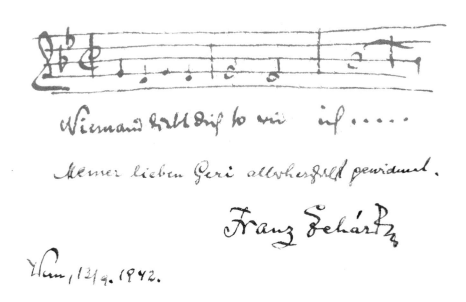

»Niemand liebt Dich so wie ich«: Widmung Franz Lehárs an Geri Leithe, September 1942

Die nächsten Karten an Geri kommen aus Budapest, wo Lehár intensiv an den Vorbereitungen zur Uraufführung der *Zigeunerliebe*-Neufassung arbeitet. In dieser Karte wird Lehárs erster Kuss, noch dazu ein »heißer«, an Geri verschickt:

Budapest, 4. Okt. 1942
Liebste Geri! Es ist 4 Uhr früh vorüber ... kann kaum mehr schreiben – Ich habe aber sehr viel ausgerichtet. Ich komme bald .....
Die allerherzlichsten Grüsse und einen heißen Kuß von
Deinem Franz

»Niemand liebt dich so wie ich«

Keine der Karten an Geri Leithe weist auch nur mit einem Wort auf den Krieg und die brutale Nazi-Herrschaft in Deutschland und der »Ostmark« hin. Abgesehen davon, dass auch nur die geringste Andeutung dieser Themen infolge der Briefzensur lebensgefährlich gewesen wäre, strebt Lehár mit Geri – vorerst jedenfalls – eine »Schönwetter-Freundschaft« an. Nur nichts Problematisches ansprechen: *Immer nur lächeln**.

Auch die Schicksale seiner engsten Freunde und Mitarbeiter werden in der Korrespondenz ausgeklammert: Auf den Tag genau zwei Monate nachdem Lehár die obige Karte aus Budapest schreibt – am 4. Dezember 1942 –, wird Fritz Löhner-Beda in Auschwitz von einem KZ-Aufseher erschlagen. Er ist Librettist der Lehár-Operetten *Friederike* (1928), *Das Land des Lächelns* (1929), *Schön ist die Welt* (1930) und *Giuditta* (1934). Von Löhner-Beda stammen die Texte der Lehár-Schlager *Dein ist mein ganzes Herz*, *Freunde, das Leben ist lebenswert*, *Immer nur lächeln* und *Meine Lippen, sie küssen so heiß*.

Nach dem Krieg wird Lehár vorgeworfen, nichts unternommen zu haben, das Leben seines Freundes und engen Mitarbeiters zu retten. Der Komponist erklärt, für Löhner-Bedas Freilassung aus dem KZ in einem persönlichen Gespräch mit Hitler interveniert zu haben, wofür sich jedoch kein Beleg findet. Zum Zeitpunkt der Ermordung des 59-jährigen Librettisten entstehen im Wiener Funkhaus Tonaufnahmen der von ihm getexteten Operetten *Schön ist die Welt* und *Giuditta*.

Anfang des Jahres 1943 ist Lehár wieder in Budapest, um an der erneuerten *Zigeunerliebe* zu arbeiten. In der nächsten Karte nennt

---

* Lied aus der Lehár-Operette *Das Land des Lächelns*

er Geri schon »meine kleine Prinzessin« und die Küsse vermehren sich:

> Budapest, 2 Uhr früh! 10. I. 1943
> Liebste Geri! Heute Sonntag hatte ich viel Besuche und ich kam den ganzen Tag nicht zur Ruhe! Gegen Mitternacht hab ich mich zum Schreibtisch gesetzt, um zu arbeiten – aber es ist 2 Uhr geworden, und es geht nicht mehr weiter.
> Übermenschliche Arbeit steht mir bevor. Es ist doch nicht gut, wenn der Komponist in Wien und der Textdichter in Budapest weilt ohne sich schriftlich oder telephonisch verständigen zu können. Morgen haben wir eine wichtige Konferenz, da wird sich hoffentlich alles entscheiden.
> Mir tut so leid, dass wir ohne jede Verbindung sind. Nun – die Zeit wird auch vorüber gehen und ich werde meine kleine Prinzessin bald wieder beim Fenster sehen. Es küsst Dich 6 und 10 Mal Dein Franz

Natürlich habe ich Walter Riegler gefragt, wie er zu Lehárs Fotoalbum und den Karten an Geri Leithe gekommen ist. Und er erklärte: Seine Mutter Theresia Glinz (1921–2001) wuchs nahe der niederösterreichischen Stadt Pöchlarn auf und arbeitete dort während des Krieges in der Hanf-Jute- und Textil-Industrie AG. Im Jahr 1948 übersiedelte sie nach ihrer Heirat nach Wien.

»Sie hat erzählt, dass russische Besatzungssoldaten mit einem Lkw durch Pöchlarn fuhren und sowohl das Album als auch die Karten auf die Straße geworfen haben – oder sie sind aus dem Auto gefallen, das konnte sie nicht so genau erkennen.« Jedenfalls nahm sie das Konvolut, dessen Wert sie nicht kannte, an sich.

»Niemand liebt dich so wie ich«

Auch in Wien hat Herrn Rieglers Mutter die Lehár-Memorabilien aufbewahrt, nach ihrem Tod übernahm sie ihr Mann. Und als der 2009 starb, verstaute Walter Riegler die Sammlung in einem großen Karton auf seinem Dachboden. Bis er im März 2022 auf die Idee kam, mir das Album und die handgeschriebenen Karten anzuvertrauen.

Wie auch immer das Konvolut in die Hände sowjetischer Besatzungssoldaten gelangt sein mochte, feststeht – und das ist der wichtigste Punkt –, dass Lehárs Handschrift echt ist. Die »hundertprozentige Echtheit« bestätigt Universitätsprofessor Wolfgang Dosch, Generalsekretär der Internationalen Franz Lehár Gesellschaft: »Die Karten und Briefe zeigen das typische Schriftbild des alternden Lehár, auch stimmen die Orte, von denen er schreibt, vollkommen mit den biografischen Stationen dieser Zeit überein.« Und was die Beziehung zu einer jungen Frau betrifft: »Lehár war ein großer Erotiker, das drückt sich nicht nur in seiner Musik, sondern auch in seiner Stellung als Mann aus. Uns sind Affären aus seinen früheren Jahren bekannt. Sie waren auch der Grund, warum seine Frau Sophie sowohl in Wien als auch in Bad Ischl immer in einem Nebentrakt seiner Häuser gewohnt hat. Neu ist, dass Lehár auch im hohen Alter noch die Nähe einer jungen Frau gesucht hat, davon erfahren wir durch diesen Schriftverkehr erstmalig. Die Beziehung hat ihm sicher gutgetan. Frauen zu erleben und zu verstehen, schmeichelte seinem Ego, seiner Seele. Für einen über Siebzigjährigen, der so dachte und fühlte wie Lehár, war das sicher ein Geschenk.«

Wenige Tage nach der »Prinzessinnen«-Karte folgt die nächste – wieder mit einem Lehár-Foto auf der Vorderseite –, auf der Geri bereits zur »Heiligen« avanciert.

Budapest, 19. I. 1943
Liebste Geri! Hier eine Blitz-Aufnahme nach der Probe. Was macht meine liebe kleine Heilige die ganze Zeit?.. Ich sandte Dir absichtlich verschiedene Kinder-Aufnahmen. Nach Deinen bisherigen Engelszeichnungen habe ich die Empfindung dass Du für diese Art ein besonderes Talent hast. Es werden noch weitere mindestens »6« Bilder folgen. Es küsst Dich herzlichst Dein Franz

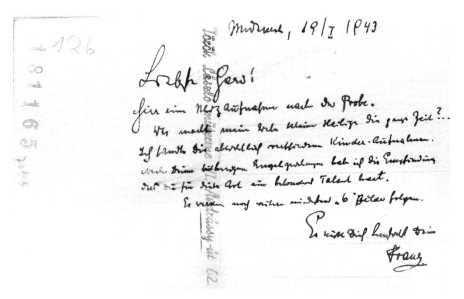

»Was macht meine liebe kleine Heilige die ganze Zeit?« Karte aus Budapest vom 19. Jänner 1943*

Wer also ist die »liebste Geri«?

Wien besitzt ein umfassend sortiertes Stadt- und Landesarchiv, in dem man die Daten jedes Bürgers, jeder Bürgerin findet, die hier

---

* Alle aus Budapest verschickten Karten – aber nur diese – sind mit einem sechsstelligen Ziffernstempel versehen. Zweifellos eine Kennzeichnung der Briefzensur in den Kriegsjahren 1942/43.

»Niemand liebt dich so wie ich«

seit 1910 gemeldet waren. So wird man auch bei Geri »von« Leithe fündig.

Bei näheren Recherchen stellt sich heraus, dass die Familie Leithe keineswegs aristokratisch war, auch in der Zeit der österreichisch-ungarischen Monarchie nicht, lediglich Geris Mutter geb. Metz hat kleinadlige Vorfahren. Das »von« ist wohl eine Höflichkeitsform, die Franz Lehár der verehrten jungen Frau gegenüber anwandte. Weiters: »Geri« (innerhalb der Familie und zuweilen auch von Lehár »Gery« geschrieben) ist eine Kurzform von Gertrud. Den Meldeunterlagen ist zu entnehmen, dass Gertrud Leithe, wohnhaft in Wien 19., Hackhofergasse 15, am 23. Mai 1926 in Wien zur Welt kam. Ihre Eltern waren Margarethe und Rudolf Leithe, sie Hausfrau, er Diplomingenieur für Elektrotechnik und Maschinenbau. Geri hatte zwei jüngere Schwestern, von denen eine im Kleinkindalter verstorben war. Geris Mutter Margarethe war in der Zeit, in der die Korrespondenz ihrer Tochter mit Franz Lehár datiert, 41 Jahre alt, Rudolf Leithe war 46 und als Direktor der Wiener Hanf-Jute- und Textil-Industrie AG tätig.

In derselben Hanf-Jute- und Textil-Industrie AG, in der auch Walter Rieglers Mutter Theresia Glinz arbeitet. Er in Wien, sie in Pöchlarn. Das kann kein Zufall sein. Ist auch keiner, wie sich später herausstellen wird.

Wenige Tage nach der vorigen, schreibt Lehár die nächste Karte:

Budapest 23. Jänner 1943
Liebe gute Geri!
Jetzt möcht ich Dich aber schon sehr gerne wieder sehen – Die Trennung dauert nun schon zu lange!
Es heißt aber – ausharren! Wenn ich schon so viel gearbeitet habe – soll das Werk auch endlich herauskommen.

Dann wird das Wiedersehen umso schöner sein.
Es umarmt dich 6 x Dein Franz

Drei Tage danach ist aus der »lieben guten Geri« schon »Meine liebste Geri« geworden. Auf der Rückseite der nächsten Karte sind ungarische Trachten abgebildet:

Budapest, 26. Jänner 1943
Meine liebste Geri! Vielleicht regen Dich die kleinen Zeichnungen an. Die Kostüme sind wirklich reizend und in meiner »Garabonciás« werden solche Kostüme vorkommen.
Es werden überhaupt zauberhafte Bilder vorkommen. Hauptsächlich im 2. Akt, der doch ein Traum ist, kommen prachtvolle Szenen vor. Es küsst Dich Dein Franz.
PS: Das weißt du ja, dass Radio Wien am 12. 2. um 8 Uhr 15 »Wo die Lerche singt« bringen wird.

Wo die Lerche singt ist eine Lehár-Operette, die am 27. März 1918 im Theater an der Wien deutschsprachig erstaufgeführt wurde. Die Namen der Librettisten Heinz Reichert, Ferenc Martos und Alfred Maria Willner werden in der Ansage der Radioübertragung nicht genannt, »da die Textverfasser Juden sind« – was im Fall Willners übrigens nicht stimmte.

Hier sei ein Wort über Franz Lehár als Homme à Femmes verloren. Abgesehen von der Beziehung zu seiner Frau Sophie – und jetzt auch zu Gertrud Leithe – wissen wir von einer großen Liebe, die für ihn traurig endete. Der 33-jährige Lehár hatte im Jahr 1903 um die Hand seiner Jugendliebe Ferdinande »Ferry« Weißberger angehalten. Doch deren Tante – die legendäre Hotelbesitzerin Anna Sacher –

»Niemand liebt dich so wie ich«

»Die Kostüme sind wirklich reizend«: Lehár schickt Zeichnungen, damit Geri sich ein Bild von der Ausstattung der Operette machen kann.

untersagte ihr die Beziehung »mit dem Hungerleider«, woraufhin die junge Frau einen Bauunternehmer heiraten musste.

Zwei Jahre nach der Ablehnung durch Anna Sacher war »der Hungerleider« dank des Welterfolgs seiner *Lustigen Witwe* ein vielfacher Millionär und einer der reichsten Österreicher, der das Sacher, als es in den 1930er-Jahren in den Konkurs schlitterte, spielend hätte retten können.

Lehár fand bei Ferdinandes bester Freundin Sophie Paschkis geschiedene Meth Trost, die er aber erst nach zwanzigjähriger

Beziehung heiraten sollte. Dass er erotischen Abenteuern nicht abgeneigt war, zeigt – neben den Briefen an Geri – auch die Aussage einer anderen Geliebten auf. Für die 2003 gedrehte ORF-Dokumentation *Lehár wird helfen,* die vom Schicksal seines Freundes Fritz Löhner-Beda erzählt, interviewte Drehbuchautor und Regisseur Otto Schwarz die Wienerin Angela Ries, die einen weiteren Beweis dafür liefert, dass er seiner Frau nicht treu war – und dass er eine Vorliebe für sehr junge Mädchen hatte. Angela Ries: »Ich hab ihn (Lehár, Anm.) mit fünfzehn Jahren kennengelernt, und er war damals 55. Von meiner Seite war es eine große Liebe, meine erste große Liebe, und er hat mich auch sehr gern gehabt.« Die Affäre mit Angela Ries begann an einem von Lehár dirigierten Konzertabend im Jahr 1925, nach dem er Angela, charmant wie immer in solchen Fällen, schrieb:

Es hat mir sehr viel Freude bereitet, dass Sie und Ihre liebe Frau Mama im Theater so nahe bei mir gesessen sind. Sie haben so liebe graue Augen, dass man gar nicht wegsehen kann. Jedenfalls habe ich gestern nur für Sie dirigiert.

Die Beziehung mit Angela Ries – beginnend zu einer Zeit, als Geri noch gar nicht geboren war – dauerte sechs Jahre, jedenfalls war Lehár auch damals schon verheiratet. »Er war ein großer Frauenfreund«, erklärte Angela Ries, »aber eigentlich hat er nur für die Musik gelebt. Die Frauen haben ihn inspiriert, waren seine Musen. Ich war für ihn die Friederike.«[*]

---

[*] *Friederike,* Singspiel von Franz Lehár, Libretto von Ludwig Herzer und Fritz Löhner-Beda, uraufgeführt im Berliner Metropol-Theater 1928. Inhalt ist die auf Tatsachen beruhende Liebschaft Goethes mit der Pfarrerstochter Friederike Brion.

»Niemand liebt dich so wie ich«

»Von meiner Seite war es eine große Liebe, meine erste große Liebe«: Angela Ries, 1910–2008, war sechs Jahre mit Lehár liiert.

Zurück ins Kriegsjahr 1943, zurück zu Gertrud Leithe.

> **Budapest, 29. Jänner 1943**
> **Meine liebe kleine süsse Geri!**
> **Seit ich mit Deinem Papi gesprochen habe, der mir Deine Grüsse bestellte, bin ich viel besser aufgelegt. Ich wusste eigentlich nicht recht, was mir fehlte – Jetzt weiß ich's.**
> **Hoffentlich wird wenigstens er am 20. Februar in Budapest sein.**
> **Alles Liebe ……! Innigst Dein Franz**

Der Kontakt mit Geris Eltern muss relativ eng gewesen sein, immerhin trifft Lehár ihren Vater in Budapest – und am 20. Februar 1943 findet die Uraufführung des Singspiels *Garabonciás diák* an der Königlichen Oper der ungarischen Metropole statt. Die ersten beiden Vorstellungen leitet der Komponist selbst, da der ursprünglich vorgesehene Dirigent erkrankt ist.

Die nächste Karte schreibt Lehár nur einen Tag nach der vorherigen. Mit »Verlagsangelegenheiten« nimmt er Bezug auf den in seinem Besitz befindlichen Glocken Verlag, den er 1935 zum Schutz seiner Werke gründete, nachdem der Verlag W. Karczag, der seine Rechte bis dahin vertreten hatte, in die Insolvenz geschlittert ist.

Budapest 30. I. 1943
Liebste Geri! Heute habe ich einen schweren Tag gehabt. Von früh bis Abend lauter Konferenzen. Es mussten nämlich Verlagsangelegenheiten durchgesprochen werden. Es müssen doch Noten am Tag der Premiere erscheinen. Darum kann ich Dir auf dieser Karte bloß 6 Zeilen schreiben.
Dein Franz

Die Proben zu *Garabonciás diák* haben mehr als sechs Wochen gedauert und waren sehr anstrengend für den 72-jährigen Meister. Dazu kommt, dass es in Budapest kaum Kohle gibt, sodass sein Hotelzimmer tagelang ungeheizt bleibt. »Aber ich legte immer erst die Feder aus der Hand«, erklärt er, »wenn meine Hände fast erfroren waren.«

Budapest 9. II. 1943
Liebste Geri! Heute kann ich kaum mehr schreiben. Will Dir gar nicht eingestehen, wie viel Uhr es gerade ist … es ist schon nahezu 6 Uhr früh aber ich habe viel ausgerichtet.
Innigst Dein Franz

Das Wort »Dein« auf dieser Karte hat er wohl als Zeichen der innigen Zuneigung drei Mal unterstrichen.

Budapest, 10. II. 1943
Meine kleine Heilige! Das hab ich Dir wohl schon geschrieben, dass ich am 3. März im grossen Konzerthaussaal ein Wehrmachtskonzert dirigiere. Da bist du ja dabei …
…… Küsse! Dein Franz

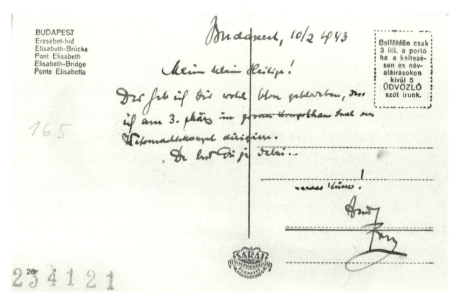

»Meine kleine Heilige! … Küsse! Dein Franz«: Karte aus Budapest vom 10. Februar 1943

Das angekündigte Konzert kommt nicht zustande, wie die *Kleine Volks-Zeitung* vom 2. März unter dem Titel »Lehár-Konzert abgesagt« meldet: »Das für den 3. März anberaumte Großkonzert im Wiener Konzerthaus wurde wegen Erkrankung des Meisters auf unbestimmte Zeit verschoben.«

Hier kündigen sich bereits erste Anzeichen gesundheitlicher Probleme an, die Lehár in den nächsten Monaten außer Gefecht setzen werden. Davor meldet er sich noch einmal bei Geri.

Budapest 15. II. 1943
Meine liebe Geri! Kurz sind heute meine Mitteilungen. Nicht eine Minute darf ich versäumen. Es wird immer so spät und morgen um 10 Uhr bin ich wieder im Theater. Was ich denke und fühle, das weißt du ja !!!!!!
Innigst Dein Franz

Dieser Karte folgt eine längere Unterbrechung im Schriftverkehr. Lehár erleidet nach dem Dirigat der zweiten *Garabonciás diák*-Vorstellung einen Zusammenbruch und wird von Budapest in seine Villa nach Bad Ischl gebracht, in der er mit einer schweren Lungenentzündung sowie Gallen- und Nierenproblemen wochenlang bettlägrig und pflegebedürftig ist. Erschwerend kommt hinzu, dass die Behandlungen immer komplizierter werden, weil kriegsbedingt kaum noch Medikamente verfügbar sind. »Sophie Lehár absolvierte einen Krankenschwesternkurs und pflegte ihren körperlich zunehmend verfallenden Mann«, schreibt Stefan Frey in seiner Lehár-Biografie, doch der Meister erholt sich wieder: »Im Sommer 1943 war er weitgehend wiederhergestellt, wenn auch sein Sehvermögen durch eine Glaskörpertrübung der Augen stark beeinträchtigt war.«

Während Lehár krank daniederliegt, stirbt sein vielleicht wichtigster Interpret: Louis Treumann erleidet 71-jährig am 5. März 1943 im Konzentrationslager Theresienstadt den »Tod durch Entzehrung« – man hat ihn verhungern lassen. Treumann war der erste Danilo bei der Uraufführung der *Lustigen Witwe* am 30. Dezember 1905 im

»Niemand liebt dich so wie ich«

Theater an der Wien und hatte maßgeblichen Anteil am Sensationserfolg der populärsten Lehár-Operette. Louis Treumann, der eigentlich Alois Pollitzer hieß, konnte mehrmals – auch durch Interventionen Lehárs – von der Deportation verschont werden, bis er im Juli 1942 doch festgenommen und ins KZ verschleppt wurde.

Vom Tod seines Freundes Treumann weiß Lehár womöglich noch gar nichts, als er den Briefverkehr mit Geri wieder aufnimmt. Seit dem vorigen Schreiben ist krankheitsbedingt fast ein halbes Jahr vergangen. Der Meister arbeitet wieder intensiv und schickt Geri, zunächst ohne seine überstandenen Leiden zu erwähnen, neuerlich schriftliche Küsse:

Wien, 29. 7. 1943
Liebste Geri! Heute bin ich schon den ganzen Tag mit den Ungarn bei der Arbeit. Abend sind sie meine Gäste. Deine Großmama dürfte schon seit 4 Tagen wieder in Wien sein, denn abend brennt das Licht regelmäßig beim Vorhangfenster.
Viele herzliche Grüsse an Deine liebe Mama.
Morgen Nachmittag wird's bei mir arg zugehen. Es kommen Journalisten (fremdsprachige Berichter) Englisch, finnisch, rumänisch, griechisch, bulgarisch, japanisch, portugiesisch, spanisch, kroatisch, slowakisch, ungarisch, französisch, serbisch und ein Photograph!! Deine Freundin Frau Seidl hat Dir gewiss auch schon geschrieben!.... Herzlichst küsst Dich Dein Franz

Diese Zeilen wurden in der Wiener Hackhofergasse 18 verfasst, in Lehárs von außen eher bescheiden wirkendem, innen aber imposantem Schlössl, das ihm von 1932 bis zu seinem Tod im Jahr 1948

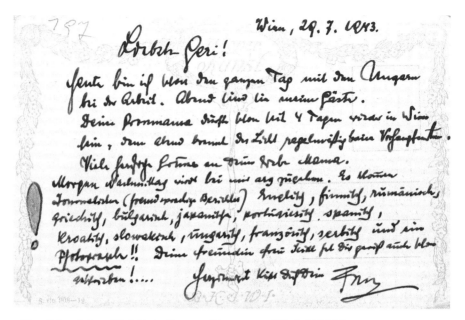

»Herzlichst küsst Dich Dein Franz«: Karte vom 29. Juli 1943

gehört. Das Gebäude stammt in seinen Ursprüngen aus dem 16. Jahrhundert und wurde acht Jahre von Emanuel Schikaneder, dem Librettisten der *Zauberflöte,* bewohnt. Gekauft hat Lehár das heute als Schikaneder- und auch als Lehár-Schlössl bekannte Haus vermutlich von den Tantiemen seiner Erfolgsoperette *Das Land des Lächelns,* die 1929 im Berliner Metropol-Theater uraufgeführt wurde. In dem achthundert Quadratmeter großen Gebäude in den Nußdorfer Weinbergen komponierte Lehár die Operette *Giuditta.*

Der Meister der Silbernen Operettenära ist durch die ihm – vor dem Krieg – aus aller Welt zuströmenden Einnahmen ein immens reicher Mann, doch auch seine Nachbarn müssen zumindest wohlhabend gewesen sein. Das einstöckige, um 1880 gebaute Haus Hackhofergasse 15 gehört Geris Großmutter Marie Metz, hinter deren »Vorhangfenster« – wie Lehár schreibt – abends das Licht brennt.

»Niemand liebt dich so wie ich«

Wien 3 Uhr früh! 4. 8. 1943
**Liebe, liebe Geri! Heute ist Dein Brief ausgeblieben. Hoffentlich erhalte ich ihn morgen früh! Also – Montag fahre ich nach Ischl. Einen Brief schick mir noch hierher nach Wien. Die Ischler Postfach-Nummer werde ich Dir sofort nach meiner Ankunft schreiben.
I. l. D. Immer Dein Franz
Viele herzliche Grüsse an Deine liebe Mama!**

Zweifellos sind die Buchstaben »I. l. D.« eine Abkürzung für die Worte »Ich liebe Dich«, die Lehár an die »Liebe, liebe Geri« richtet, die am 23. Mai 1943 siebzehn Jahre alt geworden ist. Spätestens hier stellt sich die Frage, ob der Komponist in seiner Beziehung zu der um 56 Jahre Jüngeren – was immer zwischen den beiden »passiert« sein mag – gegen Strafgesetze verstoßen hat.

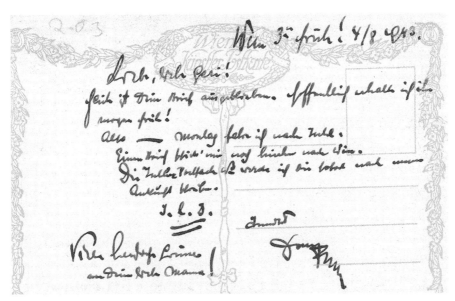

»I. l. D. Immer Dein Franz«. Für die Abkürzung gibt es nur eine Erklärung.

43

Hat er nicht, erklärt der Wiener Rechtshistoriker Christoph Schmetterer.

Erstaunlicherweise galt während der Nazizeit in der »Ostmark« nicht nur deutsches Recht, sondern auch das österreichische Strafgesetz von 1852. Nach § 127 dieses Gesetzes lag das sexuelle Schutzalter für Mädchen – wie auch heute noch – bei vierzehn Jahren, natürlich nur, wenn es sich um ein einvernehmliches Liebesverhältnis handelte. Franz Lehár ist also aus dieser Beziehung kein strafrechtlicher Vorwurf zu machen – auch wenn aus heutiger Sicht wohl andere moralische Werte gelten würden.

Sophie Lehár ist fast immer bei ihrem Mann, weshalb er wohl für Geris Briefe in Ischl ein Postfach eingerichtet hat. Auch wenn er seiner jungen Nachbarin fast wie ein pubertierender Schulbub Liebesbriefe schreibt, verhält er sich seiner Frau gegenüber korrekt – und das ist in der Zeit des braunen Terrors alles andere als einfach, zumal sie in der Diktion der Nazis »Volljüdin« ist.

Dass der Komponist »nicht arisch verheiratet« ist, wurde von der Gestapo schon nach Hitlers Machtergreifung 1933 konstatiert. Ebenso wie die Tatsache, »dass er sich ausschließlich jüdischer Textbuchverfasser bei seinen Operetten bedient« und in Wien »ständigen Umgang mit Nichtariern« hat.

Nur dem Umstand, dass *Die lustige Witwe* die »Lieblingsoperette des Führers« war, verdankte es Lehár, dass seine Frau von Propagandaminister Goebbels zur »Ehrenarierin« ernannt wurde und das Paar eine »privilegierte Mischehe« führen konnte. Franz Lehár erhielt auch eine Sondergenehmigung zur Berufsausübung und die Erlaubnis, dass seine Werke in Deutschland und ab 1938 auch in der »Ostmark« aufgeführt werden durften – das alles war notwendig, weil er »jüdisch versippt« war. Dafür »bedankte« sich

»Niemand liebt dich so wie ich«

Lehár mit einer ledernen Mappe mit Fotos der *Lustigen Witwe,* die er Hitler persönlich überreichte: »Meinem lieben Führer gewidmet Lehár«.

Der Schutz durch Hitler und Goebbels bewahrte Frau Lehár – auch wenn sie römisch-katholisch getauft war – nicht vor Anfeindungen und Pöbeleien sowohl in Wien als auch in Bad Ischl, sodass sie so selten wie möglich das Haus verließ.

Das bestätigte auch Franz Lehárs frühere Geliebte Angela Ries, die während des Krieges noch Kontakt mit dem Komponisten hatte. »Wenn seine Frau allein in Ischl war«, sagte Frau Ries im ORF-Interview, »ist sie in der Nacht nicht zu Hause geblieben, sondern immer zu Bekannten gegangen. Sie hatte immer eine Ampulle mit Gift bei sich, für den letzten Moment, wenn's nicht mehr anders gegangen wäre. Sie hat sich immer gefürchtet, wenn er aus dem Haus gegangen ist.«

Lehár war kein Nazi, was durch viele Aussagen, Schriftstücke, aber auch die Herkunft seiner Frau und die Wahl seiner Freunde deutlich wird. Er hat mehrmals versucht, seinen ersten Danilo Louis Treumann zu schützen, und es gelang ihm, die Deportation von Victor Léon, einem der Librettisten der *Lustigen Witwe,* zu verhindern. Aber er war auch kein Held, hat wahrscheinlich nicht alles versucht, um das Leben Löhner-Bedas zu retten. Franz Lehár passte sich den Gegebenheiten an und war verständlicherweise besonders vorsichtig, weil er um seine Frau fürchtete, aber auch Aufführungsverbote seiner Operetten verhindern wollte.

Der weltberühmte Komponist, der in all den Jahren ungarischer Staatsbürger geblieben ist, überlegte mehrmals ernsthaft, auch seiner Frau zuliebe, Deutschland zu verlassen und nach Amerika zu emigrieren – was durchaus möglich gewesen wäre. Hollywood hätte ihn mit offenen Armen empfangen, seine *Merry Widow* wurde am New Yorker Broadway sogar während des Krieges mit Riesenerfolg aufgeführt. Aber er fand dann doch immer wieder Gründe wie mangelnde Sprachkenntnisse oder zu hohes Alter, um nicht in die USA zu gehen.

Die nächsten vier Karten an Geri werden in Bad Ischl aufgegeben:

17. 8. 1943
Liebste Geri! Auch heute ist kein Brief von Dir da! Hoffentlich morgen. Ich habe mich noch immer nicht in die Verhältnisse eingewöhnen können. Meine Arbeit geht nicht vorwärts! Hoffentlich wird das bald anders. Ich hätte ja so viel zu tun. Dich küsst herzlichst Dein Franz
Schreibe hier beim Postschalter!

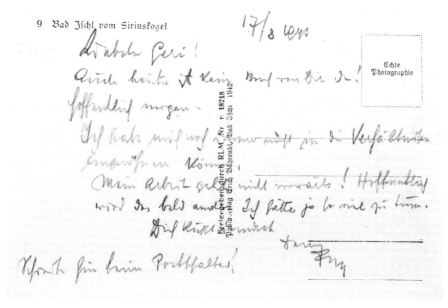

»Dich küsst herzlich Dein Franz«: Karte aus Bad Ischl vom 17. August 1943

Nun ist ein Rendezvous in Bad Ischl geplant. Seine Frau Sophie dürfte sich zu diesem Zeitpunkt nicht in der »Kaiserstadt« aufgehalten haben. Wie den folgenden Zeilen zu entnehmen ist, wird ein geheimes Treffen vorbereitet, jedenfalls achtet Lehár auf strengste Diskretion.

22. 8. 43
Meine liebste Geri! Heute Sonntag kam von Dir keine Post. Erwarte morgen welche von Dir. Also es bleibt bei Mittwoch. Möchte genau wissen, mit welchem Zug Du ankommst. Ich werde Dich abholen. Bleibt es dabei auch bei Regenwetter? Wir werden ungestört sprechen können. Es ist mir lieber und sicherer wenn wir nicht in der Villa zusammen kommen – denn wenn Besuch kommt, kann ich mich nicht unsichtbar machen. Bin ich aber nicht zu Haus, dann bin ich einfach unauffindbar!! Innigste Küsse Dein Franz
Heute singt hier Höbling

An diesem Abend gastiert der populäre Schauspieler und Sänger Franz Höbling im Stadttheater Bad Ischl (dem heutigen Lehártheater).

Geri bleibt einen Tag und eine Nacht in Ischl. In dieser Zeit scheint sich das ungleiche Paar noch näher gekommen zu sein. Denn in der nächsten Karte gesteht er zum ersten Mal offen und ohne Umschweife: »Ich liebe Dich!« Und ein Wiedersehen ist schon für den nächsten Tag geplant:

26. 8. 1943
Liebste Geri! Habe die ganze Nacht nicht geschlafen. Hatte eine Riesenangst wegen Deiner Rückfahrt. Du musstest ja

sicherlich eine ganze Strecke bei stockfinsterer Nacht bei Sturm und Regen zu Fuß gehen. Hoffentlich hast Du Dich nicht verkühlt ......
Freue mich sehr sehr auf morgen. Deine 2 süßen Briefe habe ich soeben erhalten. Du bist ja wirklich ein goldiges Mädel! Ich liebe Dich!
Dein Franz

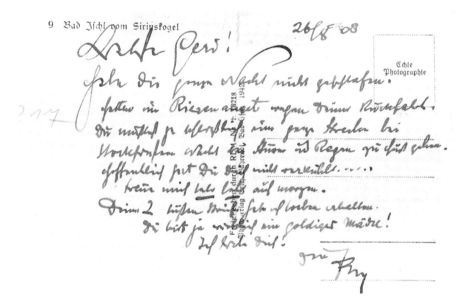

»Du bist ja wirklich ein goldiges Mädel! Ich liebe Dich! Dein Franz«: Liebeserklärung, Bad Ischl am 26. August 1943

Die folgende Karte ist nicht datiert. Lehár geht darin auf Geris letzten Brief ein, der »so viel Gemüt und Seele« zeigt. Welche Briefe sie an seinen um sechs Jahre jüngeren Bruder – den General a. D. Anton Lehár – schicken soll, bleibt rätselhaft. Es ist die vermutlich letzte Karte, die Herrn Rieglers Mutter Theresia Glinz in Pöchlarn gefun-

»Niemand liebt dich so wie ich«

den hat. Aber die Korrespondenz ist – wie sich später herausstellen sollte – noch nicht beendet.

**Liebste, liebste Geri! Vielleicht interessieren Dich beiliegende Briefe. Wenn Du sie gelesen hast, dann sende sie bitte meinem Bruder. Dein letzter Brief war so bezaubernd und zeigte so viel Gemüt und Seele!! 1000 Küsse!
Dein Franz**

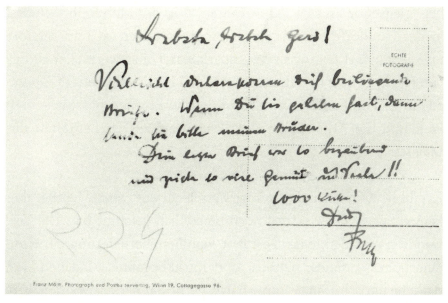

»1000 Küsse! Dein Franz«: Undatierte Karte Lehárs an Geri aus Bad Ischl

Ausgerechnet am Höhepunkt der Beziehung, in der Lehár mehr Zärtlichkeit zeigt als je zuvor, reißt die Korrespondenz zwischen dem Musiker und seiner Muse – zumindest vorübergehend – ab. Was ist passiert? Waren Geri die Nähe und der Altersunterschied zu groß geworden? Er war 73, sie siebzehn. Oder sind weitere Karten bei dem sonderbaren »Abwurf« in Pöchlarn verloren gegangen? Möglich auch, dass Lehár die Affäre nach den beiden Treffen in Bad Ischl beendete, um seine Ehe nicht aufs Spiel zu setzen. Außerdem fühlte er sich nach seiner schweren Erkrankung immer noch rekonvaleszent.

Sophie und Franz Lehár verlassen im Kriegsjahr 1944 ihr Haus in der Hackhofergasse, als die Bombardements auf Wien immer schlimmer werden, und ziehen nach Zürich, wo sie ein Appartement in ihrem Stammhotel Baur Au Lac mieten. Dort müssen sie bei Kriegsende im Mai 1945 erfahren, dass der Mob in ihr Schlössl in der Nußdorfer Hackhofergasse eingedrungen ist und zerstört und geplündert hat, was zu plündern war. Umso wertvoller ist das von Herrn Riegler beziehungsweise seiner Mutter gerettete Album, das in 47 Fotografien unwiederbringliche Erinnerungsstücke, den Park und die Atmosphäre des Lehár-Domizils zu Lebzeiten des Meisters zeigt.

Es gibt heute noch einige wenige Mitglieder der Familie Leithe, aber kein einziges, das Gertrud noch persönlich gekannt hat. Die Verwandten erzählen, dass Geri laut Familienüberlieferung ein wunderschönes, offenes, heiteres und musikbegabtes Mädchen war, das eine hübsche Singstimme hatte, gerne Sängerin geworden wäre und nach dem Krieg einen jungen Freund namens Robert »Bobby« Radvanyi hatte, der mit ihr nach Argentinien auswandern wollte.

Doch Geri ist ein allzu kurzes Leben beschieden. Sie wird nur neunzehn Jahre alt, und sie findet einen tragischen Tod.

Über die familiären Hintergründe weiß nur Gertruds 1951 geborene Halbschwester Dorothea Quidenus geb. Leithe Bescheid. Sie erzählt, dass die Ehe von Geris Eltern 1946 geschieden wurde und

»Niemand liebt dich so wie ich«

dass Rudolf Leithe zwei Jahre später ihre Mutter Erika geb. Aichinger geheiratet hat. »Mein Vater hat nicht viel über Geri gesprochen«, erinnert sich Dorothea Quidenus, »aber ich weiß, dass ihr Tod ein furchtbarer Schicksalsschlag für ihn war, über den er nie wirklich hinweggekommen ist.«

»Sie war ein wunderschönes, offenes, heiteres und musikbegeistertes Mädchen«: Gertrud »Geri« Leithe

Im näheren Umfeld der Familie Leithe wusste man, dass Geri von Franz Lehár bewundert wurde, »was ihren Eltern nicht sehr angenehm war, auch wenn man sich irgendwie geehrt fühlte, dass sich ein so berühmter Mann für die eigene Tochter interessierte. Aber Geris Eltern war auch bekannt, dass Frau Lehár über die Beziehung ihres Mannes Bescheid wusste. Sie hat Geri nicht direkt Hausverbot erteilt, aber sie war im Lehár-Schlössl alles andere als willkommen.«

Der Franz-Lehár-Fund

Frau Quidenus besitzt mehrere Fotos und Erinnerungsstücke ihrer Halbschwester, eine Widmung Lehárs an Geri* und drei Briefe an sie, die – neben Herrn Rieglers Karten – in diesen Text eingearbeitet wurden.

Aus seinen handgeschriebenen Karten und Briefen kann zweifellos geschlossen werden, dass Lehár in Geri zumindest verliebt war, sie wahrscheinlich auch wirklich geliebt hat. Was aber hat sie für den so viel älteren Mann empfunden? Geris Halbschwester Dorothea Quidenus meint, »dass es eine Form von Verehrung für den großen Komponisten war. Es hat ihr sicher geschmeichelt, von einem so berühmten und charismatischen Mann wie Lehár geliebt zu werden, es hat dabei wohl auch ihre Liebe zur Musik eine Rolle gespielt, die beiden konnten viel miteinander über Musik sprechen.«

Da Geri mit ihrer Mutter nicht gut auskam, verließ sie im Juni 1945, also kurz nach Kriegsende, ihr Elternhaus in der Hackhofergasse und war dann in der Wohnung ihrer Großmutter Karoline Leithe in der Gentzgasse 12 in Wien-Währing gemeldet – aber nur wenige Wochen, denn ab 22. September 1945 wohnte Geri laut den Meldeunterlagen an der Adresse Wien 1., Spiegelgasse 6/Tür 21.

Der Krieg ist vorbei, nach und nach wird bekannt, wie viele junge Männer einen sinnlosen Tod starben und wie viele Menschen von einem verbrecherischen Regime verfolgt und ermordet wurden. Österreich ist von den Nazis befreit, das Schlimmste ist vorbei, doch die Menschen leiden jetzt unter einer Hungersnot, einem Mangel an Heizmaterial und schweren Bombenschäden. Nicht nur in Wien reiht sich eine Ruine an die andere.

---

* Siehe Widmung Seite 28 vom 13. September 1942

Da nehmen Geri und Lehár wieder Kontakt zueinander auf. Geris Halbschwester besitzt einen Brief des Komponisten aus der Nachkriegszeit, es ist der ausführlichste aller Briefe, die er an Geri gerichtet hat. Er ist undatiert, aufgrund des Stempels *Military Censorship Civil Mails* geht jedoch zweifelsfrei hervor, dass er bereits während der Besatzung verschickt wurde: Lehár erzählt Geri darin jetzt erst von seiner schweren Erkrankung, die mehr als zwei Jahre zurückliegt. Man erkennt an seinen resignierenden Zeilen, dass er gealtert und geschwächt ist, dass er, wie er selbst schreibt, »nicht mehr der ist, der er einmal war«, dass sein Lebenswille geschwunden ist, dass der mittlerweile 75-Jährige sich selbst und seine geliebte Arbeit aufgegeben hat. Lehár denkt zwar gerne an die »schöne Zeit« mit Geri zurück, schreibt den Brief aus dem Nachkriegs-Ischl aber mit wesentlich größerer Distanz zu ihr als alle vorherigen. Ja, er will nicht einmal, dass sie ihm weiterhin schreibt – vielleicht aus Rücksicht auf seine Frau.

Liebe Geri!
Brief und Karte habe ich jetzt erhalten. Es stimmte mich traurig denn ich ersehe daraus dass Du viel durchkämpfen musst um Dein Ziel zu erreichen.
Von mir kann ich Dir nur mitteilen, dass ich schwere Zeiten mitgemacht habe. Unmittelbar nach Deiner Abreise trat die Katastrophe ein, denn ich war schon schwer krank als Du kamst. Du kannst ja nichts dafür, dass es so kommen wird – aber ich wusste es – aber ich wollte Dich doch nicht kränken, denn Du hättest mich ja auch nicht verstanden.
Dann kam noch eine schwere Grippe und eine lebensgefährliche Lungen Entzündung dazu ... Ich konnte nicht mehr nach

Der Franz-Lehár-Fund

Wien zurück und bin auch heute noch nicht gesund. Ich werde versuchen Ende November in Salzburg zu dirigieren und dann dürfte ich in die Schweiz fahren – um mich noch einer Operation zu unterziehen.

Darum sollst Du mir auch nicht mehr schreiben, ich werde schon später wieder einmal nach Wien kommen.

Meine Wiener Wohnung ist total unbewohnbar geworden.

Nähere Details will ich Dir nicht schildern.

Aber das ist mir alles völlig gleichgültig geworden. Ich bin nicht mehr der, der ich einmal war. Ich erwarte nichts mehr vom Leben. Es ist mir alles so gleichgültig geworden. Ich denke nicht einmal mehr an eine neue Arbeit.

Du besitzt nichts mehr von Deinen Eltern! Du bist nun ganz auf Dich selbst angewiesen.

Das Leben steht aber noch vor Dir und wenn Du gescheit bist, wirst Du es meistern. Dass ich Dir Glück wünsche und dass es Dir gut gehen möge, das weißt Du ja wohl gewiss.

Ich denke gern an die schöne Zeit wo noch alles so anders war.

Dein Bild »Einsamkeit« ist immer vor mir.

Herzinnigst Dein F.

»Ich denke gern an die schöne Zeit wo noch alles so anders war«: Lehár zeigt sich distanzierter als in früheren Karten und Briefen.

Dass Geri zeichnerisches Talent hatte, hat Lehár schon in seiner Karte vom 19. Jänner 1943 erwähnt. Jetzt hat sie ihm offensichtlich ein Bild, das sie »Einsamkeit« nannte, geschenkt. Wenn er ihr schreibt, dass sie sich »durchkämpfen muss, um ihr Ziel zu erreichen«, dann meint er vermutlich ihren neu eingeschlagenen Berufsweg. Geri versucht sich als Sängerin im wiedereröffneten Kabarett Simpl in der Wollzeile. Dort hat sie wohl zu »kämpfen«, denn ihr Engagement dauert nur einen Monat. Dass sie nunmehr keine finanzielle Unterstützung ihrer Eltern zu erwarten hat, liegt daran, dass ihr Vater im Juni 1945 seinen Posten bei der Hanf-Jute- und Textil-Industrie AG verloren hat, weil er Mitglied der NSDAP gewesen war. Dabei liegen mehrere eidesstattliche Erklärungen von zum Teil jüdischen beziehungsweise »halbjüdisch« Verfolgten vor, denen zufolge Rudolf Leithe seine Stellung als Direktor dazu benützt hat, gefährdeten Menschen zu helfen. Andere Dokumente belegen, dass er ab 1944 einer Widerstandsgruppe angehörte. Seine Tochter Dorothea Quidenus besitzt heute noch die eidesstattlichen Erklärungen und Dokumente, die das belegen.

Jetzt aber zu Geris traurigem Ende. Sie stirbt laut amtlicher Todesbescheinigung am 17. Dezember 1945 um 21 Uhr in der Heilanstalt Fango Wien 9., Lazarettgasse 20 an Herzlähmung aufgrund einer Sepsis nach einer Entzündung in der rechten Kniekehle. Diese trat vermutlich als Folge eines Unfalls auf, wobei dem Totenprotokoll nicht zu entnehmen ist, um welche Art von Unfall es sich handelte. Dies ist auch niemandem von Geris heute noch lebenden Familienmitgliedern bekannt. Gertrud Leithes Tragik ist es wohl, dass in der unmittelbaren Nachkriegszeit noch keine Antibiotika verfügbar waren.

»Niemand liebt dich so wie ich«

Franz Lehár erfährt von Geris Erkrankung, ahnt aber nicht, wie ernst es tatsächlich um sie steht. Und so kommt es, dass er am 20. Dezember 1945* seine letzte Karte an sie schreibt – ohne zu wissen, dass sie zu diesem Zeitpunkt bereits seit drei Tagen tot ist.

Ischl 20. (Monat unleserlich) 1945
Liebste Gery!
Denke oft und viel an Dich.
Du bist doch nicht ernstlich krank,
Deinen Brief werde ich erst später beantworten.
Die Hauptsache ist, dass Du recht bald wieder gesund wirst.
Deine Mama soll mir schreiben wie es Dir geht.
Allerherzlichst Dein Franz

»Denke oft und viel an Dich«: Lehárs letzte Karte an die »Liebste Gery«. Doch sie ist zu diesem Zeitpunkt bereits tot.

Wir wissen nicht, wie Lehár von Geris Tod erfahren und wie er es aufgenommen hat, die vertraute Freundin mit nur neunzehn

---

* Das genaue Datum dieser Karte ist nicht klar leserlich, Lehár muss sie aber am 20. Dezember 1945 geschrieben haben, da Geri im November noch nicht krank war.

Jahren verloren zu haben. Darüber hinaus trifft den ohnehin geschwächten Komponisten knapp zwei Jahre später, am 1. September 1947, ein weiterer Schicksalsschlag: Ehefrau Sophie stirbt in Zürich unerwartet an einem Herzinfarkt. *Doch wie's da drin aussieht, geht niemand was an.*[*]

Der schwer getroffene, gealterte und gebrochene Komponist lässt sich Ende Juni 1948 in seine Ischler Villa fahren. Er erliegt dort am 24. Oktober des gleichen Jahres im Alter von 78 Jahren seinem Krebsleiden. Mit ihm geht auch die Ära der Silbernen Operette ihrem Ende entgegen – einer ihrer herausragenden und letzten Vertreter ist dahingegangen.

Da seine Ehe kinderlos blieb, teilt Lehár sein Erbe – das gültige Testament hat er erst am Tag vor seinem Tod verfasst – folgendermaßen auf:

- Die Ischler Villa vermacht er der Stadtgemeinde Bad Ischl, unter der Bedingung, sie als Lehár-Museum zu betreiben.
- Den Löwenanteil, die gigantischen Tantiemenzahlungen des nach Johann Strauss erfolgreichsten Operettenkomponisten aller Zeiten, hinterlässt Lehár seiner Schwester Emmy verwitwete Papházay, die aus Budapest angereist ist, um sich bis zuletzt um seine Pflege und Betreuung zu kümmern. Deren Kinder und Enkel kamen bis zum Jahr 2018, dem Auslaufen der gesetzlich vorgeschriebenen Schutzfrist, in den Genuss regelmäßiger Abgeltungen in vielfacher Millionenhöhe. Allein *Die Lustige Witwe* soll – in hundert Sprachen übersetzt – seit ihrer Uraufführung 1905 weltweit mehr als hunderttausend Mal gespielt worden sein, gefolgt von *Das Land des Lächelns* und *Der Graf von Luxemburg.*

---

[*]   Liedtext aus der Lehár-Operette *Das Land des Lächelns*

»Niemand liebt dich so wie ich«

Die Liebe der späten Jahre Franz Lehárs: eine der letzten Fotografien Gertrude Leithes, aufgenommen im Jahr ihres Todes, 1945

Auch der von Lehár gegründete Glocken Verlag ist bis 2018 an den Tantiemen beteiligt.

• Das Schlössl in Nußdorf geht in das Eigentum seines Bruders Anton Lehár über. Dieser überlässt es nach seinem Tod 1962 testamentarisch dem Ehepaar Erich und Hermine Kreuzer, das in den letzten Jahren seines Lebens aufopfernd für ihn gesorgt hat. Frau Kreuzer lebt seit mehr als siebzig Jahren – mittlerweile in ihrem 99. Lebensjahr – in dem Haus, in dessen Nachbarschaft der König der Silbernen Operette die große Liebe seiner späten Jahre fand. Hermine Kreuzer weiß aus den Erzählungen früherer Nachbarn, dass Franz Lehár ein um viele Jahre jüngeres Mädchen namens Geri verehrt hat, mehr ist ihr nicht bekannt.

Wie erwähnt, kann es kein Zufall sein, dass sowohl Rudolf Leithe als auch Theresia Glinz, die das Lehár-Konvolut fand, während des Krieges für dieselbe Firma gearbeitet haben: die Hanf-Jute- und Textil-Industrie AG. Er als Direktor in der Wiener Zentrale, sie in der Fabrikniederlassung in Pöchlarn.

Dorothea Quidenus hat eine Erklärung dafür, wie die Briefe und das private Fotoalbum Franz Lehárs nach Pöchlarn kamen: »Mein Vater musste Geris letzte Wohnung in der Spiegelgasse nach ihrem Tod räumen, darunter Möbel und persönliche Gegenstände, sicher auch die Lehar-Briefe und -Fotos. Mein Vater wohnte seit seiner Scheidung in der Gentzgasse 12, doch konnte er Geris Nachlass dort nicht unterbringen, da die Wohnung durch einen Bombeneinschlag beschädigt war. Aber ich weiß, dass er aus der Zeit, in der er in der Hanf-Jute- und Textil-Industrie AG angestellt war, noch Freunde in der Firma hatte, auch in Pöchlarn. Die haben ihm vermutlich für Geris Habseligkeiten ein Firmenlager zur Verfügung gestellt. Einen

»Niemand liebt dich so wie ich«

anderen Grund sehe ich nicht, dass Geris Nachlass nach Pöchlarn gelangt ist.«

Darüber, wie die Russen zu den Lehár-Briefen gekommen sind, kann man nur spekulieren: In Niederösterreich, das in der sowjetischen Zone lag, kam es immer wieder zu Plünderungen durch Besatzungssoldaten, die in den meisten Fällen von ihren Vorgesetzten (ebenso wie Vergewaltigungen) nicht gebilligt wurden. Wer dabei ertappt wurde, konnte in einem sowjetischen Arbeitslager landen oder im Extremfall zum Tode verurteilt werden. Leicht möglich, dass das Rudolf Leithe zur Verfügung gestellte Lager von sowjetischen Soldaten geplündert wurde. Als die bei Durchsicht ihrer Beute erkannten, dass persönliche Gegenstände und private Briefe als Beweisstücke ihrer Untaten hätten dienen können, warfen sie sie einfach vom Lastwagen. Und Frau Glinz fand sie.

Immerhin hat ihr Sohn durch die Weitergabe des Fundes dazu beigetragen, dass man jetzt mehr als bisher über die späten Jahre Franz Lehárs weiß.

Wann Lehár und Gertrud Leithe einander zum letzten Mal gesehen haben, ist unbekannt. Wie auch die Art und Weise der Beziehung des Komponisten zu seiner »geliebten Geri« für immer ein Geheimnis bleibt.

KAISERLICH-KÖNIGLICHES

Habsburgs König der Ukraine

Erzherzog Wilhelms unerfüllter Traum

Mehr als hundert Jahre hat sich kein Mensch für ihn interessiert. Erzherzog Wilhelm entstammte einer Nebenlinie des Hauses Habsburg und war vom Schicksal nicht dazu ausersehen, in Österreich-Ungarn eine wirklich bedeutende Rolle zu spielen. Doch plötzlich ist er da, der Cousin des Kaisers. Denn Erzherzog Wilhelm kämpfte jahrzehntelang darum, König der Ukraine zu werden. Und sein Kampf richtete sich gegen ebenjenen Feind, der es auch 2022 wieder ist. Gegen Russland.

Die Ukraine war nie ein Königreich – aber ein König wäre fast an ihrer Spitze gestanden. Erzherzog Wilhelm lernte das Kronland Galizien, vereinfacht gesagt die heutige Ukraine, als k. u. k. Offizier während des Ersten Weltkrieges kennen und entwickelte eine geradezu romantische Verbundenheit zum Volk der Ruthenen, wie die Ukrainer damals hießen. Und so machte er es sich zur Lebensaufgabe, das Land als Regent in die Unabhängigkeit zu führen. Unabhängig zuerst vom Zarenreich und dann von den kommunistischen Machthabern. Das ist ihm zwar nicht gelungen, doch Wilhelm wird von den Ukrainern heute noch verehrt, als wäre er ihr König gewesen.

Wilhelm Franz Joseph Karl Erzherzog von Österreich ist 1895 als sechstes Kind des Erzherzogs Karl Stephan und seiner Frau Maria

Habsburgs König der Ukraine

Theresia geb. Prinzessin der Toskana in Pola zur Welt gekommen. Sein Vater, Besitzer etlicher Schlösser, Güter, Palais und einer heute noch bestehenden polnischen Brauerei, zählte zu den reichsten Habsburgern und war im Ersten Weltkrieg Admiral der k. u. k. Marine.

Wilhelm wurde nach jenem Erzherzog Wilhelm benannt, der 1385 vergeblich versucht hatte, den polnischen Thron zu erobern. Das war vielleicht kein gutes Omen, denn auch dem Erzherzog aus dem 20. Jahrhundert sollte die Eroberung eines Throns versagt bleiben. Die Namenswahl war aber auch eine Geste gegenüber dem deutschen Kaiser Wilhelm II.

Damals, als Galizien noch bei Österreich war, wurden im größten Kronland der Habsburgermonarchie Schulen, Universitäten und eine funktionierende Bürokratie geschaffen, allerdings hielten Industrie, Handwerk und Gewerbe der neuen Zeit nicht stand. Lemberg, Czernowitz, Kiew, Krakau und Odessa waren imperiale Städte, in denen Ruthenen, Deutsche, Polen, Ungarn, Christen und Juden nebeneinander lebten. Größen wie Joseph Roth, Helena Rubinstein, Gregor von Rezzori und David Oistrach waren, von hier kommend, in die Welt hinausgezogen.

Erzherzöge waren hingegen meist unter- bis unbeschäftigt, weshalb es ihr Ziel war, vom jeweiligen Monarchen mit einer möglichst repräsentativen Aufgabe betraut zu werden. Im Allgemeinen machten die Kaiserlichen Hoheiten, so wurden sie angesprochen, als Militärs Karriere, nur wenige waren zu Höherem berufen. Einer von ihnen sollte Erzherzog Wilhelm als Habsburgs informeller Thronkandidat für die Ukraine sein.

Und das kam so: Wilhelms Vater Karl Stephan und sein ältester Bruder Karl Albrecht als dessen Nachfolger sahen sich schon vor

Kaiserlich-Königliches

dem Ersten Weltkrieg als Anwärter auf die polnische Königswürde. Mit ein Grund für den ehrgeizigen Wilhelm, ebenfalls einen Thron zu besteigen, womit er laut Timothy Snyders Biografie *Der König der Ukraine* »nicht der letzte Anwärter für eine polnische Mission war, sondern der erste für eine ukrainische«.

Wilhelm plante, dass die Ukraine in ihrer Gesamtheit nach dem erwarteten Sieg über das Zarenreich im Ersten Weltkrieg der Donaumonarchie zufallen sollte. Natürlich unter seiner Regentschaft und mit Billigung des Kaisers. Der Erzherzog nahm seine Aufgabe sehr ernst, er lernte Ukrainisch und verstand es, sich die Sympathien der ruthenischen Bevölkerung zu erwerben.

Doch da es 1918 bekanntlich keinen Sieg über Russland gab, blieben Wilhelms Träume – ebenso wie die seines Vaters als potenzieller König von Polen – unerfüllt.

Sein Leben aber blieb auch ohne Krone skurril und abenteuerlich. Der nunmehr ehemalige Erzherzog kämpfte nach dem Krieg hinter den Kulissen, zunächst versteckt in einem Kloster, weiter um eine unabhängige Ukraine. Doch er blieb auf verlorenem Posten und musste sich um eine bürgerliche Existenz umsehen, was für einen König ohne Reich nicht ganz einfach ist.

Der als überaus charmant beschriebene, gut aussehende Wilhelm arbeitete eine Zeit lang als Immobilienmakler, ehe er das internationale Jetset-Leben für sich entdeckte. Es verschlug ihn nach Madrid, in französische Nobelkurorte und nach Paris, wo er sich als Bonvivant die Nächte um die Ohren schlug – hauptsächlich finanziert von der Familie Esterházy (der er seine Schulden nie zurückzahlte). Wilhelm vergnügte sich in anrüchigen Bars mit Liebhabern beiderlei Geschlechts und bewies auf Golfplätzen und Skipisten seinen Sportsgeist.

Träumte sein ganzes Leben davon, König der Ukraine zu werden: Erzherzog Wilhelm von Österreich

Laut Protokollen der französischen Polizeibehörden hatte der Erzherzog auch Beziehungen mit seinem Sekretär und zwei Kammerdienern. Andererseits wurde bekannt, dass Wilhelm mit der um zwanzig Jahre älteren Sängerin Mistinguett liiert war, der auch Affären mit Maurice Chevalier, einem indischen Prinzen, König Alfonso XIII. von Spanien und Großbritanniens künftigem König Edward VIII. (der sich dann doch für Wallis Simpson entschied) nachgesagt wurden.

Jedenfalls war der österreichische Erzherzog im Exil eine auffällige Erscheinung, schon weil man ihn zuweilen in Frauenkleidern antraf. Biograf Snyder zitiert, was man in Paris munkelte: »Meis-

Kaiserlich-Königliches

tens zog es Wilhelm in ein schmuddeliges Milieu. Die bekannteren Schwulenclubs in Paris, etwa das Carrousel oder Madame Arthur's auf dem Montmartre, frequentierte er offenbar nicht. Laut Pariser Polizei war er ein *Habitué* in den *maisons spéciales* – ein hübscher französischer Ausdruck für Schwulenbordell.«

Wilhelm stand in guter familiärer Beziehung mit Kaiserin Zita, der Witwe des Ex-Kaisers Karl I., die auch nach dem Tod ihres Mannes den Gedanken einer Habsburger-Restauration nicht aufgegeben hatte. Ihr Plan war es, ihren ältesten Sohn Otto als Kaiser und einige Erzherzöge in anderen Positionen einzusetzen, darunter Wilhelm als König der Ukraine.

Doch Wilhelms Umgang mit der Pariser Halbwelt war nicht dazu angetan, ihm eine hocharistokratische Zukunft zu sichern. Der wirklich tiefe Sturz erfolgte freilich 1934, als »Willy« durch eine Hochstaplerin namens Paulette, mit der er ein Verhältnis hatte, in einen internationalen Betrugsskandal verwickelt wurde. Es ging um vierhunderttausend Francs, die für die Wiedererrichtung Österreich-Ungarns auf nicht ganz sauberem Wege aufgebracht werden sollten. Für eine Restauration, die nie stattfand.

Wie man heute weiß, war Wilhelm von Paulette und einem ihrer Komplizen in eine Falle gelockt worden. Der Möchtegern-König sah es als einzigen Ausweg, noch vor Prozessbeginn die Flucht nach Wien anzutreten. Das führte dazu, dass sich im 16. Kriminalgericht des Pariser Palais de Justice nur die Anstifterin und ihr Komplize verteidigen konnten, während Wilhelm mit seiner Version nicht zu Wort kam. So wurde der Erzherzog in Abwesenheit zu fünf Jahren Haft verurteilt, während Paulette, die sich als »armes Mädchen« darstellte, mit einer bedingten Strafe davonkam. Wilhelms Ruf war dermaßen ruiniert, dass er auf Druck des Familienoberhauptes

Habsburgs König der Ukraine

Otto von Habsburg auf die Würde des Ordens vom Goldenen Vlies verzichten musste.

Doch Wilhelm war zäh, er gab, auch wenn er jetzt am Boden lag, nicht auf. Und so ging er in Wien gleich wieder seiner Berufung als Befreier des ukrainischen Volkes nach. Er schloss sich kurzfristig Kanzler Schuschniggs Vaterländischer Front an, fand aber bald Sympathien für die illegalen Nazis, in der irrigen Meinung, dass eine ukrainische Monarchie von Hitlers Gnaden Zukunft hätte. Seinem neuen Weltbild entsprechend tat sich der Erzherzog, der bis dahin mit Juden immer gut ausgekommen war, auch gleich mit antisemitischen Sprüchen hervor.

Doch die Nationalsozialisten dachten nicht daran, Wilhelms Absichten zu unterstützen. Während er im März 1937 immer noch von »seiner« Ukraine träumte, kramte die ohnehin habsburgfeindliche Berliner Nazipresse seine Vergangenheit hervor und bezeichnete Wilhelm als dekadenten Pariser Abschaum.

Im Zweiten Weltkrieg musste Wilhelm erfahren, dass die Ukrainer von den Deutschen als »Untermenschen« behandelt wurden, dass sich aber gleichzeitig auch Ukrainer an den Verbrechen des Naziregimes beteiligten, insbesondere an zahllosen Judenmorden.

Nach wie vor seine Agenda »Freiheit für die Ukraine!« im Kopf, wechselte Wilhelm noch einmal die Seiten. Jetzt als Spion gegen Hitler-Deutschland, im Auftrag Großbritanniens und ausgerechnet Frankreichs, wo er infolge seiner nie abgesessenen Strafe immer noch auf der Fahndungsliste stand.

Als der Krieg im Mai 1945 beendet war und Europa von den alliierten Mächten neu aufgeteilt werden sollte, war von Wilhelms freier Ukraine keine Rede. Denn Sowjets und Polen beherrschten all

Kaiserlich-Königliches

jene Gebiete, die der Erzherzog und seine Anhänger in den beiden Weltkriegen für sich beansprucht hatten.

Nichtsdestotrotz blieb der Habsburger auch während des Kalten Krieges und unter erheblichen Risiken als Spion tätig. Für die Westmächte und gegen die Kommunisten, jetzt mit dem Ziel, die Ukraine endgültig von der Sowjetherrschaft zu befreien.

Und genau das wurde ihm zum Verhängnis. Wilhelm wurde am 26. August 1947 am helllichten Tag vor dem Wiener Südbahnhof von KGB-Agenten in ein Auto gezerrt und ins Hauptquartier des sowjetischen Geheimdienstes nach Baden bei Wien verschleppt. Nach viermonatigen Verhören flog man ihn zu seiner nächsten und letzten Station, nach Kiew.

Dort, in der Hauptstadt »seiner« Ukraine, wurde er von einem sowjetischen Tribunal zu 25 Jahren Haft verurteilt. Man warf ihm vor, den ukrainischen Thron angestrebt und nach dem Zweiten Weltkrieg Spionage für Großbritannien und Frankreich betrieben zu haben. Wilhelm starb am 18. August 1948 im Alter von 53 Jahren im Kiewer Gefängnisspital an einer nicht behandelten Tuberkulose. Da sein Ableben offiziell nie bestätigt wurde, gibt es auch Angaben, nach denen er 1949, 1950 oder 1955 gestorben sei.

Wann immer es war: Nach dem Fall des Eisernen Vorhangs erhielt Wilhelm Habsburg-Lothringen in Kiew ein Denkmal, weiters wurden Straßen und Plätze nach ihm benannt, und Nationalisten verehren ihn bis heute als Kämpfer für die Unabhängigkeit der Ukraine.

Was ihm zu Lebzeiten versagt blieb: Im Tod ist er für viele der König der Ukraine geworden.

»Ich bin schon längst gestorben«

Die geheimen Gedanken der Kaiserin Elisabeth

Das Werk ist fast vierhundert Seiten stark und – sprechen wir es offen aus – so gut wie unlesbar. Denn auch wenn Kaiserin Elisabeth sich für eine Lyrikerin im Sinne ihres Idols Heinrich Heine hielt, so war sie doch nicht mehr als eine ambitionierte Hobby-Dichterin. Und doch wäre es schade, ihre Gedanken – nur weil sie meist holprig gereimt sind – außer Acht zu lassen. Denn nur wer sie liest, erfährt sonst Unbekanntes über das Leben bei Hof. Nur wer sie liest, kann ermessen, wie sehr Elisabeth die Monarchie verachtete, deren First Lady sie war. Nur wer sie liest, erfährt, wie wenig sie von ihrem Mann, dem Kaiser, hielt, aber auch von anderen Mitgliedern des Erzhauses, der Regierung, dem Adel ganz allgemein und ihrer »Rivalin«, der »dicken Schratt«. Und wem sie die Schuld an den Kriegen ihres Zeitalters gab.

Da es so gut wie unmöglich ist, das ganze, aus Hunderten, oft mehrseitigen Gedichten bestehende Kompendium unbeschadet zu bewältigen, habe ich mich der Mühe unterzogen, historisch relevante Stellen aus Sisis *Poetischem Tagebuch* herauszufiltern und ihre Gedankenwelt in der gebotenen Kurzform lesbar zu machen.

Elisabeth konnte ihre Schwiegertochter Stephanie, die Frau des Kronprinzen Rudolf, von Anfang an nicht leiden, auch weil sie ihrem Schönheitsideal nicht entsprach. Und so bezeichnet sie die Kronprinzessin im August 1885 wenig charmant als »eine Kröte, gelb und dick«. Ein Jahr später wird sie deutlicher:

Kaiserlich-Königliches

> Du bist nicht wie die Blume,
> Nicht lieblich, hold und fein.
> Auch fehlt dir jede Anmut
> Und Charme noch obendrein.
>
> Und hör' ich dich gar reden,
> Schleicht Wehmut mir ins Herz;
> Gefühllos in der Jugend,
> Wirst du im Alter Erz.

Elisabeth zieht auch über den alljährlichen, für Franz Joseph »heiligen« Sommerurlaub in Bad Ischl her, weil ihr dort zu viel Trubel herrscht und sie viel lieber in weiter Ferne wäre:

> Den Geist, den menschenmüden,
> Trüg' gern ich übers Meer
> Wohl in den fernsten Süden,
> Wo's schön und menschenleer.

So interessant wie die Gedankenwelt der im goldenen Käfig lebenden Kaiserin ist auch die Geschichte, wie es überhaupt zur Auffindung des *Poetischen Tagebuchs* gekommen ist. Elisabeth hat ihre Empfindungen und Erlebnisse im Wesentlichen dreieinhalb Jahre lang bei jeder sich bietenden Gelegenheit in Reimform niedergeschrieben – aber sie wollte nicht, dass sie veröffentlicht werden. Zumindest nicht zu ihren Lebzeiten, oder wie es die Kaiserin in einem Brief an ihre Gesellschafterin Ida Ferenczy verfügte: »Diese Cassette (mit den Gedichten, Anm.) ist erst in 60 Jahren vom Jahre 1890 an zu eröffnen«. Das wäre 1950 gewesen. Doch es

»Ich bin schon längst gestorben«

sollte wesentlich länger dauern, bis deren Inhalt an die Öffentlichkeit gelangte.

Sisis handgeschriebene Texte wurden zunächst, ihrem Wunsch entsprechend, in einer versperrten Kassette bei ihrem Bruder, Herzog Carl Theodor in Bayern, deponiert, mit dem Hinweis, sie nach Ablauf der vorgegebenen Frist »dem Herrn Presidenten der Schweitzer Eidgenossenschaft« zu übergeben. An die Möglichkeit, sie in Österreich aufzubewahren, dachte sie nicht, da sie hier – wohl zu Recht – mit einer Vernichtung ihrer für eine Kaiserin umstürzlerischen Niederschrift rechnete.

Ein bisschen lag das Dichten in Elisabeths Genen beziehungsweise in der Familientradition. Schon ihr Onkel, König Ludwig I. von Bayern, war begeisterter Poet, ebenso wie ihr Vetter, König Maximilian II. von Bayern, ihr Onkel, König Johann von Sachsen, und ihr Schwager, Kaiser Maximilian von Mexiko. Nur ihr Mann, der Kaiser, hatte keinerlei Verständnis für derlei Fantastereien, die er als »Wolkenkraxeleien« heruntermachte.

Ja, ihr Mann! Nach etwas mehr als zwanzigjähriger Ehe erkennt Elisabeth, dass sie als junges Mädchen, das sich in den Kaiser verliebt hat, getäuscht wurde:

Mocht' ich auch anfangs wähnen,
Ich liebte ein Genie;
Es war des Schicksals Höhnen;
Denn das passiert' mir nie.

Er war ein Vollblut-Eselein,
Voll Eigensinn und Laun',
Benahm er sich auch artig fein,
War ihm doch nicht zu trau'n.

Kaiserlich-Königliches

Überhaupt ist der Kaiser eine der meistgenannten, aber auch meist-kritisierten Figuren in Sisis Gedichten. Seine geistigen Fähigkeiten kommen darin nicht besonders gut weg:

Ich war heut' Nacht ein Kaiser,
Doch freilich nur im Traum,
Dazu noch ein so weiser,
Wie's solchen gibt wohl kaum.

Das Thema Liebe (und jeglicher Alkoholkonsum sowieso) ist für die 47-jährige Sisi im September 1885 längst abgeschlossen:

Für mich keine Liebe,
Für mich keinen Wein;
Die eine macht übel,
Der andre macht spei'n!

Am 3. November 1885 reisen Kaiser und Kaiserin mit ihrer jüngs-ten Tochter Marie Valerie ins ungarische Schloss Gödöllő. Dort werden in Elisabeth alte Erinnerungen an vergangene Tage der Liebe und des Glücks mit Franz Joseph wach, wie sie in einem ins-gesamt vier Seiten langen Gedicht unter dem Titel *November-phantasie* schreibt. Hier nur vier Zeilen daraus:

In hellen Flammen steht die Brücke,
Die mich dereinst mit dir verband;
Nur einmal blickt mein Geist zurücke,
Eh' er auf ewig abgewandt.

»Ich bin schon längst gestorben«

Wie aber ging es weiter mit Elisabeths poetischem Vermächtnis? Die geheimnisvolle Kassette wurde tatsächlich samt handschriftlichem Manuskript 1951, also fast pünktlich, dem Wunsch der Kaiserin entsprechend von Herzog Ludwig in Bayern, dem Sohn des Sisi-Bruders Carl Theodor, an den Schweizer Bundespräsidenten Eduard von Steiger gesandt. Doch die Schweizer Behörden weigerten sich infolge des »geringen literarischen Werts«, einer Veröffentlichung zum geplanten Zeitpunkt zuzustimmen, weil der Bundesrat der Auffassung war, dass man auf diese Weise dem Andenken der auf so tragische Weise ums Leben gekommenen Kaiserin nicht dienen würde. So wanderten Sisis in drei schwarzen Lederbänden mit Goldschnitt gehütete Elaborate ins Bundesarchiv in Bern, wo sie für weitere drei Jahrzehnte in Vergessenheit gerieten.

Darunter auch dieses Gedicht, in dem Elisabeth schonungslos festhält, dass die Liebesbeziehung zum Kaiser für sie längst nichts anderes als lästige Pflicht ist:

Nur staune nicht, wenn beim Verrichten
Nach altem Patriarchenbrauch
Der legitimen Ehepflichten
Dich streift ein eisigkalter Hauch.

Am 13. Juni 1886 ertrinkt der bayerische König Ludwig II. im Starnberger See. Auch wenn ein Suizid als wahrscheinlichste Ursache gilt, ranken sich zahlreiche Gerüchte und Verschwörungstheorien um

Folgende Doppelseite: Zwei Seiten des Poetischen Tagebuchs *der Kaiserin Elisabeth. Die handgeschriebenen Gedichte befinden sich heute im Schweizer Bundesarchiv.*

„Sodicisant" ihr Ält'ster steht
Dorten auf der Schwelle,
Neben ihm sein Bruder späht
Nach der Seelybebbe.

Hinter ihr, wohl eher schied
Ist der Töchter eine,
Recht bescheiden hätt sie sich,
Diese blasse Kleine.

Wo beim Fenster im Bosquet
Frisch sich wölbt aus Blüten,
Dorten ein Adonis steht
Wie aus Hesses Myten.
Ein Apoll ist er an Reitz,
Um die edlen Glieder
Wallet mit dem Ordenskreuz
Weiss der Mantel nieder.

Folgend seines Oheims Spur,
Hat auch er geschworen,
Zu entsagen der Natur,
Cölibat erkoren.

Treibt er's wie der gute Ohm
Hinter den Coulissen,
Wird der Treue Ordenssohn
Anstand nie vermissen.

Wieder lässt die Flügelthür
Einen Gast erscheinen
Säbelklappern, Sporngeklirr
Kriegerisch sich einen.

Mit dem Feldmarschallenstabe
Naht der Zukunftssieger,
Wen nicht gar des Reiches Grab
Gräbt der alte Krieger.

Kaiserlich-Königliches

den mysteriösen Tod des Monarchen. Die Kaiserin widmet ihrem Lieblingscousin gleich mehrere Gedichte, eines endet nach dem Begräbnis in der »dunkelnden Gruft« mit den Worten:

Dort habe ich Abschied genommen
Und drückte noch leise zum Schluss,
Mein unvergesslicher König,
Auf deinen Sarg einen Kuss.

Mehr denn je beschäftigt sich die Kaiserin mit dem Sterben. Auch im Sommer nach Ludwigs Tod reimt sie in Bad Ischl:

Ich bin schon längst gestorben,
Der Körper liegt in Ruh'
Im Sarg verwelkt, verdorben;
Der Deckel ist fest zu.

Elisabeth gibt der bayerischen Regierung die Schuld an der Tragödie ihres »Königsvetters«, da diese zwei Tage vor seinem Tod eine Einweisung in eine geschlossene Anstalt veranlasste:

Sie haben mein Dasein verbittert,
Sie haben mein Leben vergällt,
Und endlich den Glauben erschüttert
An allem, was gut auf der Welt.

Im Jahr 1978 erinnert sich der österreichische Historiker Heinrich Fichtenau an die Existenz der Sisi-Reime. Er regt an, sie zur Veröffentlichung freizugeben, worauf die Historikerin Brigitte Hamann

»Ich bin schon längst gestorben«

die Erlaubnis zur Einsichtnahme in die Texte erhält. Darunter auch in jenen Reim aus dem Sommer 1886, als das Kaiserpaar den deutschen Reichskanzler Otto von Bismarck in Badgastein trifft. Elisabeth erkennt ihn einerseits als klugen Kopf an, verdammt ihn aber auch als Kriegstreiber:

Prädestiniert und sieggeweiht
Ziehst du, der grösste Geist der Zeit,
Geharnischt über uns're Welt,
Völker mähend, wie dir's gefällt.

Wie das Thema Krieg in den Aufzeichnungen der ausgewiesenen Pazifistin und Militärgegnerin überhaupt ein großes Thema ist. Ihren Reimen ist zu entnehmen, wen sie für die blutigen Gemetzel und großen Katastrophen neben Politikern wie Bismarck verantwortlich macht. Schuld ist ihrer Meinung nach der Adel – dem sie ja selbst, in der allerersten Reihe stehend, angehört. Dessen Vorzüge sie durchaus genießt, ohne aber den Verpflichtungen, die ihre Stellung eigentlich verlangte, nachzukommen. Brigitte Hamann bezeichnet sie als »Feindin der Aristokratie«:

Wer weiss! gäb's keine Fürsten,
Gäb' es auch keinen Krieg;
Aus wär' das teure Dürsten
Nach Schlachten und nach Sieg.

»Das Dichten«, hinterlässt uns Erzherzogin Marie Valerie in ihrem Tagebuch, sei für ihre Mutter »eine Art Therapie« gewesen. Nur sie, ihre jüngste Tochter, wusste von Sisis Flucht in eine Fantasiewelt, ansonsten blieb Elisabeths poetische Leidenschaft streng geheim. Es sei laut Marie Valerie »ihr größter Stolz, dass niemand ahnt, dass sie eine Dichterin« ist.

Im Jänner 1887 zieht Sisi über die Regierung des Kaisers her:

Wie endlos lange Stunden
Oft im Ministerrat
Ward mir der Geist geschunden
Durch Reden, dumm und platt.

Die 1984 erfolgte Erstveröffentlichung der kaiserlichen Gedichte im Verlag der Österreichischen Akademie der Wissenschaften war an die Auflage geknüpft, dass, dem Letzten Willen der Kaiserin entsprechend, die Erlöse aus den Buchverkäufen anerkannten Hilfsprojekten zugutekommen. Und so beschloss der Schweizer Bundesrat, die Tantiemen im Sinne Elisabeths dem UNO-Hochkommissariat für Flüchtlingshilfe zukommen zu lassen.

Rund hundert Jahre davor hält Österreich-Ungarns Kaiserin und Königin das Modell der Monarchie für verstaubt und veraltet! Sie ist ihrer Zeit voraus und glaubt das Volk auf ihrer Seite:

Und sollten sie entscheiden,
Die Republik muss sein,
So willige mit Freuden
In ihren Wunsch ich ein.

Elisabeth weiß, wie leicht man nicht nur in Bayern (wie Ludwig II.), sondern auch in Österreich für geisteskrank erklärt werden kann, hat sie doch bei ihrer Schwester, der Herzogin Sophie von Alençon,

»*Ich bin schon längst gestorben*«

erlebt, wie diese, des Ehebruchs überführt, in eine Grazer Privat-
anstalt für geistig abnorme Personen gesperrt wurde:

Den Traum, als ich erwachte,
Hab' keinem ich erzählt;
Sonst sperren sie mich sachte
Noch gar ins Bründelfeld*.

Die Kaiserin trachtet offiziellen Terminen, Empfängen und
Bällen aus dem Weg zu gehen, doch am 20. Jänner 1887 begleitet sie Franz Joseph zum Hofball, der dem diplomatischen
Corps, dem niedrigen Adel, höheren Beamten und Offizieren einmal im Jahr Gelegenheit geben soll, mit dem Hof in Kontakt zu
treten.

Ein »gefundenes Fressen« für Sisis *Poetisches Tagebuch*. Zunächst
macht sie sich über die einzelnen Gesandten und deren Länder lustig, und das in epischer Breite, nämlich in nicht weniger als 55 Stro-
phen. Die Reime sind harmlos, erst als sie auf die Schweiz zu sprechen kommt, werden sie von gespenstischer Prophetie – fällt sie
doch elf Jahre später in Genf selbst einem der angesprochenen
Anarchisten zum Opfer:

Schweizer, Ihr Gebirg ist herrlich!
Ihre Uhren gehen gut;
Doch für uns ist höchst gefährlich
Ihre Königsmörderbrut.

---

* Gemeint ist die k. k. Landesirrenanstalt am Bründlfeld in Wien-Alsergrund.

Kaiserlich-Königliches

Zu Franz Josephs Freundin Katharina Schratt hat Elisabeth ein ambivalentes Verhältnis. Einerseits war sie es, die die Freundschaft der Schauspielerin mit dem Kaiser in die Wege geleitet hat, um zu vermeiden, dass dieser als Folge ihrer ständigen Reisen allzu viel allein ist. Andererseits plagt Sisi neben dem schlechten Gewissen auch Eifersucht, weil die Schratt es wie niemand sonst versteht, den einsamen Monarchen durch Klatsch und Tratsch, bevorzugt aus der Welt des Theaters, bei Laune zu halten.

Elisabeth macht sich über die Schratt lustig. Vor allem, weil diese sie in vielem zu imitieren versucht, so auch ihre Abmagerungskuren. Ganz im Unterschied zur Kaiserin neigt die Schratt jedoch tatsächlich zum Dicksein. In einem Gedicht spöttelt Elisabeth, die sich hier selbst als Titania und den Kaiser als Oberon* sieht, über das »Nachäffen« der Schratt:

Dein dicker Engel kommt ja schon
Im Sommer mit den Rosen.
Gedulde Dich, mein Oberon!
Und mach nicht solche Chosen!

Sie schnürt den Bauch sich ins Korsett,
Daß alle Fugen krachen.
Hält sich gerade wie ein Brett
Und »äfft« noch andre Sachen.

---

* Beide Figuren sind den Elfen der Shakespeare-Komödie *Ein Sommernachtstraum* nachempfunden.

»Ich bin schon längst gestorben«

Im Häuschen der Geranien,
Wo alles so fein und glatt,
Dünkt sie sich gleich Titanien,
Die arme dicke Schratt.

Es scheint die Kaiserin nicht sonderlich zu stören, dass das Verhältnis ihres Mannes zu Katharina Schratt wohl mehr ist als bloße »Seelenfreundschaft«, wie es vom Hof gerne verharmlosend dargestellt wird. Der Kaiser ist 1887, als dieses Gedicht entstand, 57 Jahre alt:

Liebe leiht dem Alter Schwingen,
Ist das Haupt auch glatt und kahl;
Amors Pfeile tiefer dringen
In ein altes Herz zumal.

Und ein Jahr später, als Elisabeth den Kaiser mit der Hofschauspielerin bei einem ausgedehnten Spaziergang im Schönbrunner Schlosspark ertappt:

Achtundfünfzig Winter zogen
Spurlos deinem Herz vorbei,
Schlägt es doch wie ein verliebter
Kuckuck heut', im Monat Mai!

In den 1880er-Jahren sind mehrere Mitglieder des Kaiserhauses in diverse Skandale verwickelt, allen voran Erzherzog Otto – ein Neffe Franz Josephs und Vater des späteren Kaisers Karl I. Besagter Otto warf bei einem Gelage in Klagenfurt Porträtbilder des Kaiserpaares aus dem Fenster, bei einer anderen Gelegenheit soll er, im Zuge

Kaiserlich-Königliches

Bezeichnet in einem Gedicht Mitglieder ihrer eigenen Familie als »verkommene Brut«: Kaiserin Elisabeth

eines Besuchs im Sacher aus einem der berüchtigten Separees kommend, nackt über die Ringstraße gelaufen sein. Und eines Nachts wollte der Erzherzog »aus Hetz« seine Saufkumpane zum Bett seiner schlafenden Gemahlin zerren, wovon er nur von seinem Adjutanten abgehalten werden konnte. Elisabeth ist empört über das Benehmen des Erzherzogs, das sich in der Öffentlichkeit herumgesprochen hat, und notiert unter dem Titel *Moral*:

**Ihr lieben Völker im weiten Reich,
So ganz im geheimen bewundre ich euch:
Da nährt ihr mit eurem Schweisse und Blut
Gutmütig diese verkommene Brut!**

»Ich bin schon längst gestorben«

Das *Poetische Tagebuch* der Kaiserin beginnt im Februar 1885 und endet im Herbst 1888, als sie knapp fünfzig Jahre alt ist. Gedichtet hat sie aber schon viel früher, als Fünfzehn-, Sechzehnjährige, wobei sie damals ihren ersten Liebeskummer und als blutjunge Kaiserin ihre »Gefangenschaft« am Wiener Hof und ihr Heimweh nach Bayern zum Thema machte.

Ich bin erwacht in einem Kerker,
Und Fesseln sind an meiner Hand.
Und meine Sehnsucht immer stärker –
Und Freiheit! Du, mir abgewandt!

Doch wir wissen, dass Elisabeth damals, in ihrer noch sehr jungen Ehe, dem Kaiser in großer Liebe zugetan war. Jetzt aber, im November 1888, in einem ihrer letzten Gedichte, denkt sie einmal mehr an den Tod:

Lebe wohl, sei's auch auf ewig.
Lebe wohl, es muss so sein,
Kalt und starr ist deine Zukunft,
Einsam meine und allein.

Zwei Monate später scheiden Mary Vetsera und Kronprinz Rudolf in Mayerling aus dem Leben. Nach diesem wohl tragischsten Ereignis ihres Lebens fehlt Elisabeth offensichtlich die Kraft, ihre Gedanken weiterhin in Reime zu fassen. Sie steht dermaßen unter Schock, dass sie kein einziges Gedicht mehr niederschreibt.

Die Kaiserin stirbt am 10. September 1898 durch die Hand ihres Mörders Luigi Lucheni in Genf. Den Zusammenbruch der Monarchie hat sie bereits im Jänner 1887 vorausgeahnt:

Hollah! Habsburg! was ist los?
Stierst Dir verzweifelnd in den Schoss,
Und ringest die alten Hände,
Als nahte schon Dein Ende!

Das Ende naht tatsächlich. Die Donaumonarchie sollte nach Kaiserin Elisabeths Tod noch zwanzig Jahre bestehen.

Kronprinz Rudolfs Schwiegervater
Die Verbrechen des Königs von Belgien

In Brüssel wurden seine Denkmäler gestürzt, sobald man die Untaten des belgischen Königs einigermaßen aufgearbeitet hatte. Leopold II. war ein blutrünstiger Despot, der im Kongo Millionen Menschen versklaven und hinrichten ließ. Doch der König hat auch eine österreichische Geschichte: Seine Tochter Stephanie war die Frau des Kronprinzen Rudolf und somit in die Tragödie von Mayerling involviert.

Anfang des Jahres 1881 sprach Kronprinz Rudolf bei König Leopold in Brüssel vor, um um die Hand seiner Tochter anzuhalten. Nicht aus Liebe klarerweise, die beiden hatten einander noch nie gesehen, aber Stephanie war eine der wenigen »verfügbaren«

katholischen Prinzessinnen, die infrage kamen, die Frau des künftigen Kaisers von Österreich zu werden, auch wenn ihr Vater in den Reihen des europäischen Hochadels als Emporkömmling galt. Innerhalb weniger Minuten war man »handelseins«, und Stephanie und Rudolf wurden ein Paar. Was der Kronprinz wohl nicht wusste: Sein künftiger Schwiegervater war gerade dabei, den Ankauf und die Unterdrückung des zentralafrikanischen Staates Kongo vorzubereiten.

Belgischer König und Massenmörder: Leopold II., Vater der österreichischen Kronprinzessin Stephanie

Vier Jahre nach der Hochzeit war es dann so weit. Leopold, der einer der reichsten Monarchen Europas war, hatte mit vierhundertfünfzig Stammesfürsten Verträge abgeschlossen und ihnen mit seinem Privatvermögen den Kongo abgekauft. Er war somit persönlicher Eigentümer des Staates, der etwa siebzig Mal so groß wie Belgien war und in dem ab sofort seine eigenen Gesetze galten. Und die waren von mörderischer Brutalität.

Kaiserlich-Königliches

Leopold beutete die Bewohner seiner »Privatkolonie« rücksichtslos aus, ihm ging es darum, die reichen Elfenbein- und Kautschuk-Vorkommen maximal abzubauen, indem er seine Untertanen zu grausamer Zwangsarbeit verpflichtete.

Jedes Dorf musste eine bestimmte Menge des in den tropischen Regenwäldern reich vorhandenen Kautschuks abliefern. Wurde die vorgeschriebene Liefermenge in einer Region nicht geliefert, brachte man die Bewohner oder ihre Frauen um. Anderen, sowohl Kindern als auch Erwachsenen, wurden bei lebendigem Leib die Hände abgehackt, weil sie »nicht ausreichend produktiv« gearbeitet hatten. Zur Kontrolle und Exekution seiner Vorgaben hatte der König eine eigene Armee gegründet, die die Morde und Misshandlungen an den Sklaven durchführte. Die Soldaten setzten sich aus Schwarzen zusammen, die Offiziere waren weiß. Laut Schätzungen wurden unter Leopolds Schreckensherrschaft im »Freistaat Kongo« mindestens zehn Millionen Menschen ermordet – knapp die Hälfte der damaligen Bevölkerung.

Der König erwirtschaftete in den Jahren 1885 bis 1908 umgerechnet 125 Millionen Euro, die er zur Errichtung von Prachtbauten in Belgien, die seinem Ruhm dienen sollten, verwendete. Nach der Jahrhundertwende verurteilten die Regierungen Großbritanniens und der USA die Verbrechen Leopolds, der bald international geächtet wurde. Da zu diesem Zeitpunkt auch die Geschäfte nachließen, überließ er das Land dem Staat Belgien, der die Kolonie bis zu ihrer Unabhängigkeit im Jahr 1960 als Belgisch-Kongo weiterführte und weiterhin ausbeutete.

König Leopold II. zeigte auch im Privatleben seinen wahren Charakter. Zehn Jahre nachdem seine Tochter Stephanie auf so tragische Weise in Mayerling zur Witwe geworden war, beschloss sie ein zweites Mal zu heiraten, diesmal aus wahrer Liebe, den ungarischen Grafen Elemér Lónyay. Ihren Vater erzürnte die »nicht standesgemäße« Eheschließung dermaßen, dass er sie des Hauses verwies und es Stephanie, als deren Mutter 1902 starb, nicht einmal gestattet wurde, an ihrem Sarg Abschied zu nehmen.

Die politischen Verbrechen des Königs fanden in Belgien eine späte Aufarbeitung, die mit dem Sturz seiner Denkmäler endete.

Der Erzherzog von Hollywood
Die Filmkarriere eines Habsburgers

Und noch ein Erzherzog. Diesmal nicht aus der Toskana, aus Böhmen oder Galizien. Sondern aus Hollywood. Wie ist denn das möglich?

Nun, so wurde der Urgroßneffe Kaiser Franz Josephs und Cousin des letzten Kaisers Karl genannt, als er im Jahr 1927 plötzlich in der Filmmetropole auftauchte, um dort Karriere zu machen.

Tatsächlich war Erzherzog Leopold von Österreich ein Habsburger, der nach dem Ende der Monarchie in der nunmehrigen Republik keine adäquate Beschäftigung fand. Also beschloss er, nach Amerika zu gehen, schließlich hatte man auch als Mitglied des ehemaligen Kaiserhauses Anrecht darauf, den *American Dream* zu träumen.

Leopold war am 30. Jänner 1897 als Sohn des Erzherzogs Leopold Salvator und der Prinzessin Blanka von Bourbon-Kastilien in

Zagreb zur Welt gekommen und kämpfte im Ersten Weltkrieg als k. u. k. Leutnant an der italienischen Front. Sein Vater war ein Enkel Kaiser Leopolds II. und gehörte der Linie Habsburg-Lothringen-Toskana an. Leopold Salvator war als Generaloberst der österreichisch-ungarischen Armee für Luftschifffahrt und die Konstruktion von Automobilen zuständig und durch eigene Erfindungen zu großem Reichtum gelangt. Seine Frau Blanka hatte ihm zehn Kinder geschenkt, der spätere »Hollywoodstar« war das fünfte.

Als Leopold 1927 auf Einladung des Wiener Schauspielers und Hollywoodregisseurs Erich von Stroheim in der kalifornischen Filmmetropole einlangte, stürzten sich die Reporter auf den »Archduke of Austria«, wobei die einen große Ehrfurcht vor dem österreichischen Aristokraten zeigten, andere hingegen Ablehnung. Die Zeitschrift *Photoplay* berichtete von Leopolds Besuch bei den Dreharbeiten zu Edward Slomans Romanze *Surrender* in den Universal Studios; danach begab sich der Erzherzog zum Set des Stroheim-Films *The Wedding March*, der in Wiener Adelskreisen spielte, in denen auch sein Vater Leopold Salvator (dargestellt von Don Ryan) vorkam. Für diesen Film war der ehemalige Erzherzog, damit das Kind einen Namen hatte, als »technischer Berater« tätig.

Während Erich von Stroheim – der sich seinen falschen Adelstitel selbst angeeignet hatte – den Erzherzog geschickt für seine höchstpersönliche Propaganda nützte, war der Habsburger eigentlich nach Hollywood gekommen, um an Filmrollen zu gelangen. Stroheim sprach davon, den Erzherzog »groß herauszubringen«, etwa durch die Titelrolle in einem Hollywoodfilm über seinen Urgroßonkel, den tragisch ums Leben gekommenen Kaiser Maximilian von Mexiko.

Dazu ist es nie gekommen – aber Stroheim hatte seine Schlagzeilen. In zwei anderen Filmen wirkte der Erzherzog tatsächlich mit, allerdings in kleinen Rollen: 1927 in dem Stummfilm *Night Life* und ein Jahr später in *Four Sons*, einem im Ersten Weltkrieg handelnden Drama, in dem er als »German Captain« zu sehen war und im Filmabspann als »Leopold Archduke of Austria« aufschien. Wenn dieser

Keine rauschende Karriere in Hollywood: Leopold Archduke of Austria

Film Geschichte schrieb, dann nicht wegen der Mitwirkung des Habsburgers, sondern weil darin der damals noch völlig unbekannte John Wayne in einer seiner ersten Kinorollen einen Streifenpolizisten spielte. Der vom Meisterregisseur John Ford gedrehte Film war ein großer Kassenerfolg.

Fach- und Fan-Zeitschriften wie *Exhibitors Herald*, *Motion Picture News* und *Variety* waren jedenfalls voll mit Exklusivstorys über den Erzherzog, der den Klatschspalten auch jede Menge Material lie-

Kaiserlich-Königliches

ferte. Der im Magazin *Picture Play* fälschlich als »ehemaliger Thronfolger« bezeichnete Habsburger war in erster Ehe mit einer Baronin
Dagmar Nicolics-Podrinje Freifrau von Wolfenau verheiratet, verliebte sich in den USA jedoch in Alice Coburn, die seine zweite Frau
werden sollte. Mehr konnte die Yellow Press beim besten Willen
nicht verlangen.

Obwohl Leopold schon als »kommendes Idol« gehandelt wurde,
sollte es mit der echten Filmkarriere nicht so recht klappen. Beim
dritten Film, in dem er mitwirkte, wurde im Abspann überhaupt auf
die Nennung seines Namens vergessen – dabei war doch der Name
sein einziges Kapital.

Leopold indes, im *Exhibitors Herald* als »Fallen Archduke« und
»Royal Statist« verunglimpft, besuchte unverdrossen ein Filmstu-
dio nach dem anderen. »Wenn der Erzherzog vorbeikommt«, war zu
lesen, »stehen seine österreichischen Landsleute, die im Atelier
arbeiten, Habacht und bleiben in dieser Position, bis er ihre respekt-
volle Begrüßung erwidert.« Ein Berichterstatter beobachtete eine
arme Seele, die vom Erzherzog übersehen wurde und zehn Minuten
lang strammstand, bis die Hoheit zurückkam, um ihn in die bequeme
Stellung zu entlassen.

Obwohl Leopold den anwesenden Österreichern zu vermitteln
versuchte, ein ganz normaler Mensch zu sein, bestanden die meisten von ihnen darauf, ihn kaiserlich-königlich zu behandeln.

Im Jahr 1930 gab der ehemalige Erzherzog seine Schauspieler-
ambitionen auf und verließ Hollywood. Er siedelte sich in Willi-
mantic, einer Kleinstadt in Connecticut, an und fristete fortan
das wenig erzherzogliche Dasein eines Fabrikarbeiters. Als er
am 15. März 1958 starb, widmete die *New York Times* dem
»Archduke« einen Nachruf, dem man entnahm, dass Leopold von

Der Erzherzog von Hollywood

Habsburg-Lothringen sich in Hollywood als Kleindarsteller versuchte und zuletzt amerikanischer Staatsbürger war. Er wurde 61 Jahre alt.

Vielleicht hätte er es nicht als Schauspieler versuchen sollen, sondern als Drehbuchautor, der sein eigenes Leben mit all seinen Höhen und Tiefen schildert. Das Leben eines Erzherzogs, der in Hollywood sein Glück suchte – und nicht fand.

HISTORISCHE
KRIMINALGESCHICHTEN

Der Frauenmörder von Paris
Kriminalfall Henri Landru

Der Mann führte zunächst ein unauffälliges, geradezu bürgerliches Leben. Er war verheiratet, hatte vier Kinder und ging einer geregelten Arbeit nach. Doch eines Tages verhielt sich der als hochintelligent eingestufte Henri Landru, als hätte jemand einen Schalter in ihm umgekippt. Denn plötzlich war er einer der gefürchtetsten Serienmörder der Kriminalgeschichte.

Im Jahr 1869 als Sohn einer Schneiderin und eines Stahlarbeiters in Paris zur Welt gekommen, arbeitete Henri Landru nach einer Ausbildung zum technischen Zeichner zur vollsten Zufriedenheit seiner Vorgesetzten in einem Pariser Architekturbüro, ehe er zum Verbrecher wurde.

Nach kleineren Betrügereien versuchte er sich 1908 zum ersten Mal als Heiratsschwindler. Landru gab eine Annonce auf und traf Jeanne Izoret, der er eintausendfünfhundert Francs abnahm. Als er die versprochene Ehe nicht einging, zeigte ihn die Frau an, und Landru wanderte für drei Jahre ins Gefängnis.

Madame Izoret hatte noch Glück, denn Landrus nächste Opfer sollten seine Avancen allesamt nicht überleben. Er desertierte als Unteroffizier im Ersten Weltkrieg, worauf seine »Blütezeit« begann, da jetzt viele Frauen allein, bald auch verwitwet waren und sich nach einem neuen Gefährten an ihrer Seite sehnten.

Landru gab sich in seinen Heiratsinseraten als Fabrikant, Möbelhändler oder hoher Beamter aus, nahm unterschiedliche Namen an und mietete außerhalb von Paris zwei Häuser, in die er die gutgläubigen Frauen, meist mittleren Alters, lockte. Dass er von vornherein an Mord dachte, war klar: Landru kaufte immer zwei Fahrkarten zur Hin- und nur eine zur Rückreise nach Paris.

Die erste Frau, die er ermordete, war die 34-jährige Witwe Jeanne Cuchet, die herausfand, dass er verheiratet war, womit sie für Landru zur Gefahr wurde. Er tötete sie und ihren siebzehnjährigen Sohn.

Mit diesem Fall hatte Landru alle Hemmungen verloren. Er ermordete innerhalb von fünf Jahren mindestens zehn Frauen, deren Leichen er in seinen Häusern verbrannte. Danach löste er die Wohnungen seiner Opfer auf, nahm jegliches Bargeld an sich, verkaufte die Möbel und löste bestehende Lebensversicherungen ein. Überführt wurde er, als ihn die Schwester eines Opfers auf einer Pariser Straße erkannte. Die Polizei ging nun seiner Spur nach und verhaftete ihn im April 1919 in einer Wohnung beim Bahnhof Gare du Nord, in der er mit einer 25-jährigen Geliebten eingemietet war.

Während des aufsehenerregenden Prozesses im Pariser Schwurgericht gab Henri Landru mit geradezu buchhalterischer Präzision an, seine Frau 283 Mal betrogen zu haben, er stritt aber, obwohl die verkohlten Überreste mehrerer Frauen in den Öfen seiner Landhäuser entdeckt wurden, alle Morde ab. Die Polizei fand persönliche Gegenstände der Opfer sowie Aktenordner, in denen er deren Namen und die erbeuteten Geldbeträge fein säuberlich notiert hatte. Landru bewahrte sogar Kopien seiner Liebesbriefe auf. Trotz

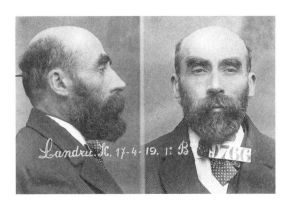

1921 zum Tode verurteilt: der Frauenmörder Henri Landru

intensivster Ermittlungen und der Einvernahme von hundertfünfzig Zeugen blieb ungeklärt, wie »der Blaubart von Paris« seine Opfer ermordet hatte.

Landru wurde am 30. November 1921 zum Tode verurteilt und drei Monate später durch die Guillotine hingerichtet.

Der berühmteste Gangster aller Zeiten
Das Leben des Al Capone

Joe Howard war nur ein kleiner Ganove. Als er es aber am 8. Mai 1924 wagte, dem mächtigen Al Capone in einer kleinen Bar in die Quere zu kommen, zog dieser seine Pistole und schoss ihn nieder. Vier Personen, stand in den Zeitungen, hätten Capone als Täter erkannt. Doch bei der Polizei konnte sich dann keiner mehr an ihn erinnern.

Einer von zahllosen Kriminalfällen, in die Al Capone verwickelt war, aber ein typischer: Die Zeugen wussten, dass es nur

Der berühmteste Gangster aller Zeiten

zwei Möglichkeiten gab. Zu schweigen – oder selbst getötet zu werden.

»Al« Alphonse Capones Eltern waren brave Leute, die 1894, fünf Jahre vor seiner Geburt, wie Zehntausende Italiener in die USA eingewandert waren. Der Vater, gebürtiger Neapolitaner, hatte in New York einen kleinen Friseurladen, die Mutter half als Näherin mit, die neun Kinder zu ernähren.

Dennoch fand Al bald Zugang zu organisierter Kriminalität, lag doch in der Nachbarschaft der Capones an den Docks von Brooklyn die Zentrale eines Verbrechersyndikats, das Bordelle und Casinos kontrollierte. Ehe der Gangsterboss John Torrio den vierzehnjährigen Italo-Amerikaner in die Reihen seiner »Mitarbeiter« aufnahm, musste Al eine »Aufnahmsprüfung« bestehen: Wie alle, die bei ihm anheuerten, ließ der Syndikatschef den jungen Capone mehrere Minuten in seinem Büro – auf dessen Schreibtisch ein paar Dollarnoten lagen – allein. Während die meisten Kandidaten das Geld einsteckten und davonliefen, wartete Al geduldig, bis Torrio zurückkehrte. Capone wurde als ehrlich eingestuft – und durfte der Verbrecherorganisation beitreten.

Alphonse brach – nachdem er sich mit seiner Lehrerin geprügelt hatte – die Schule ab und übernahm es, für seinen neuen Chef »Schutzgelder« einzutreiben, wobei die meisten seiner Opfer Geschäftsleute, Barbesitzer und Prostituierte waren. Mit achtzehn, als bärenstarker Rausschmeißer im Harvard-Inn-Tanzclub des Gangsters Frankie Yale beschäftigt, zog Al sich jene Wunden zu, die ihm seinen Beinamen Scarface – Narbengesicht – eintrugen.

Das Malheur begann, als er sich an ein Mädchen heranmachte, worauf deren Bruder ein Messer zog und dem »Galan« mit der Klinge schwere Verletzungen zufügte. Capones linke Wange war für

Historische Kriminalgeschichten

den Rest seines Lebens entstellt, und wann immer ihm Fotografen begegneten, wandte er ihnen die andere Gesichtshälfte zu.

Im Harvard Inn verübt Al auch seine erste Bluttat. Er soll von einem Spieler namens Tony Perotta 1500 Dollar einfordern, die dieser seinem Chef Frankie Yale schuldet. Als er sich zu zahlen weigert, schießt Capone ihn nieder.

Al hatte nun die Gesellenprüfung für die Unterwelt bestanden. Frankie Yale freilich konnte nicht ahnen, dass er eines Tages selbst Al Capones Opfer werden sollte.

1921 übersiedelt Capone, bereits Ehemann und Familienvater, von New York nach Chicago, wo gerade ein blutiger Machtkampf um die Nachfolge des eben ermordeten Mafiakönigs »Big Jim« Colosimo tobt. Al setzt sich gegen seine viel älteren Rivalen durch, übernimmt Bordelle, Spielhöllen und hat in kürzester Zeit die mächtigste Gang in der Hauptstadt des amerikanischen Verbrechens aufgebaut. Capones Stärke war es, seine Unternehmungen wie seriöse Industriebetriebe zu führen – samt Geschäftsführer, Buchhalter und sonstigen Angestellten. Mit dem kleinen »Schönheitsfehler«, dass all die Unternehmungen kriminell waren und dass jeder, der nicht bei Capone kaufte, eine äußerst geringe Lebenserwartung hatte.

Die Prohibition brachte den illegalen Handel mit Alkohol zum Erblühen. Al Capone betrieb Tausende Brennereien und »Flüsterkneipen« (so genannt, weil man die verbotenen Getränke im Flüsterton bestellte). Zusammen mit den Schutzgeldern setzte Capone in seiner Blütezeit pro Jahr mehr als hundert Millionen Dollar um.

Al hatte aber auch gewaltige Ausgaben. Er beschäftigte bis zu tausend Ganoven. Und die großzügig bemessenen Bestechungsgelder flossen zu Gericht, zur Polizei, ins Rathaus von Chicago, zum Gouverneur des Bundesstaates Illinois und sogar ins Weiße Haus.

Der berühmteste Gangster aller Zeiten

Führte seine Unternehmungen wie einen Industriebetrieb: Mafiaboss Al Capone

In seinen besten Jahren war Capone so mächtig, dass man ihn den heimlichen Bürgermeister von Chicago nannte. Sein Einfluss erstreckte sich über den ganzen Kontinent, er kontrollierte praktisch die gesamte Mafia Amerikas.

In seinem Privatleben war der Gangster nicht wiederzuerkennen. Er gab sich als Familienmensch, kümmerte sich um seinen behinderten Sohn, seine verwitwete Mutter und seine Geschwister, half Armen und unterstützte Jazzmusiker. Capone war stets elegant gekleidet, ging nur mit Hut und Nadelstreif. Viele bewunderten ihn, weil er sein Hauptgeschäft, den Alkoholschmuggel, einem Prohibitionsgesetz zu danken hatte, das die meisten Amerikaner für lächerlich hielten.

1924 kommt es zu ersten Straßenschlachten: Al zeigt politische Ambitionen und unterstützt in einem Vorort von Chicago den repu-

Historische Kriminalgeschichten

blikanischen Bürgermeisterkandidaten (der seine Geschäfte fördert). Wahllokale werden von Schlägern überfallen, Bürger mit vorgehaltener Pistole gezwungen, »die richtige Partei« zu wählen. Capones älterer Bruder Frank fällt dabei im Schusswechsel mit der Polizei.

In tiefer Trauer verliert der Gangsterboss seine letzten Skrupel: In seinem Leben, schätzen Kriminalexperten des FBI, hat Capone mindestens fünftausend Mal gegen Gesetze verstoßen – wie viele Menschen dabei starben, ist unbekannt.

Der 14. Februar 1929 geht als Tag des St.Valentins-Massakers in die Kriminalgeschichte Amerikas ein: Weil ihm sein Rivale »Bugs« Moran die Herrschaft über die Unterwelt von Chicago streitig machen will, werden sieben seiner Leute von Capones Killern auf offener Straße hingerichtet.

Drei Monate später gelingt dem legendären FBI-Agenten Eliot Ness und seinen *Untouchables* – den Unbestechlichen – die Verhaftung Al Capones. Da man Amerikas »Staatsfeind Nr. 1« nach wie vor keinen Mord nachweisen kann, wird er nur wegen Steuerhinterziehung verurteilt.

Auch während der sieben Jahre, die Capone als Häftling Nummer 85 hinter Gittern verbringt, kontrolliert er die Unterwelt. Der Gefängnisarzt der Strafanstalt Alcatraz diagnostiziert eine schwere Syphilis, die Al sich – sein Leben lang als »Beschützer« unzähliger Prostituierter tätig – schon in der Jugend zugezogen haben dürfte.

Er stirbt, 48 Jahre alt, am 25. Jänner 1947. Nicht im Kugelhagel einander rivalisierender Gangsterbanden, wie es eines Capone »würdig« gewesen wäre. Sondern gewaltlos. Als Spätfolge der Syphilis geistig umnachtet, schlief Al in seiner Villa in Miami friedlich ein.

Sein Mythos als Gangsterboss lebt weiter.

Wie starb Sunny von Bülow?

Kriminalfall in Adelskreisen

Kaum ein Kriminalfall hat weltweit derartiges Aufsehen erregt wie dieser. Im März 1982 wird der Playboy Claus von Bülow des versuchten Mordes an seiner Frau angeklagt, für schuldig befunden und zu einer langjährigen Haftstrafe verurteilt. Er verbringt aber keinen Tag seines Lebens im Gefängnis, da man ihn bei einer späteren Wiederaufnahme des Prozesses freispricht.

Die amerikanische Millionärin Martha »Sunny« Crawford geschiedene Auersperg und der britisch-deutsch-dänische Jurist und Lebemann Claus von Bülow haben 1966 geheiratet und ein sorgloses Leben geführt. Der ehemalige Assistent von J. Paul Getty und seine durch Erbschaft vermögend gewordene Frau Sunny wohnen in einer Luxuswohnung in der Fifth Avenue in New York und in ihrem prachtvollen Anwesen in Rhode Island, auf dem 1956 die Dreharbeiten zu dem Film *High Society* mit Grace Kelly und Frank Sinatra stattgefunden haben.

Zu Weihnachten 1980 wird Sunny bewusstlos im Badezimmer ihres Landhauses aufgefunden. Sie fällt in ein Koma, aus dem sie nie wieder erwachen sollte. Untersuchungen ergeben, dass der 48-jährigen Millionärin eine Überdosis Insulin verabreicht wurde.

Ihr Mann, der 54-jährige Claus von Bülow, gerät bald unter Verdacht, seine Frau vergiftet zu haben. Als Motiv vermuten die Staatsanwaltschaft und die beiden Kinder aus Sunnys erster Ehe – das Ehepaar hat auch eine gemeinsame Tochter namens Cosima –, dass Claus an die Millionen seiner Frau herankommen und dann seine Geliebte, die Schauspielerin Alexandra Moltke, heiraten wollte.

Bülows Verteidiger entgegnen, dass Sunny drogen-, alkohol- und tablettensüchtig war, also selbst eine Überdosis eingenommen hätte.

Claus von Bülow stand im Verdacht, seine Frau Sunny ermordet zu haben. Zwischen den beiden: die gemeinsame Tochter Cosima

Bülow wird in dem Geschworenenprozess in Newport/Rhode Island, von dem Reporter aus aller Welt berichten, zu dreißig Jahren Haft verurteilt. Doch seinem neu hinzugezogenen Anwalt und Harvard-Professor Alan M. Dershowitz gelingt es 1985 in einem Revisionsverfahren, dass das Urteil aufgehoben und von Bülow in allen Punkten freigesprochen wird.

Alan Dershowitz schrieb später einen Roman über den aufsehenerregendsten Fall seiner Laufbahn, der 1990 unter dem Titel

Die Affäre der Sunny von B. mit Glenn Close in der Titelrolle und Jeremy Irons als Claus von Bülow verfilmt wurde. Irons erhielt für die Darstellung des Verdächtigen einen Oscar.

Sunny von Bülow starb, ohne je wieder das Bewusstsein erlangt zu haben, nach 28 Jahren im Koma am 6. Dezember 2008 im Alter von 76 Jahren in einem New Yorker Pflegeheim. Claus von Bülow hatte in einem Zivilprozess gegen Sunnys Kinder auf das Vermögen seiner Frau verzichtet und starb am 25. Mai 2019 im Alter von 92 Jahren als angesehenes Mitglied der Londoner Gesellschaft.

Ob Sunny von Bülow vergiftet wurde oder ob es doch Suizid war, wird wohl für alle Zeiten ungeklärt bleiben.

Von Liszt über Wagner bis Loriot
Die weitverzweigte Familie von Bülow

Und weil wir gerade von den Bülows reden. Die prominente Dynastie, der Claus von Bülow mütterlicherseits angehörte, hatte auch in früheren Zeiten für jede Menge Skandale gesorgt. Das bedeutendste Mitglied der Familie war der mit Claus weitschichtig verwandte Dirigent Hans von Bülow (1830–1894). Vom Publikum vergöttert, wurde er vom Schicksal nicht verwöhnt. Als Richard Wagner ihn 1863 in sein Landhaus am Starnberger See einlud, musste Bülow vor der Anreise noch einer einwöchigen beruflichen Verpflichtung nachkommen. Also schickte er seine Frau Cosima voraus zu Richard Wagner. Und die verliebte sich während der Wartezeit in den Hausherrn.

Cosima – sie war die Tochter von Franz Liszt – und Bülow hatten zwei Kinder, in ihrer Verbindung mit Wagner kamen drei weitere hinzu. Um deren Vaterschaft wurden peinliche Prozesse geführt, bis sich herausstellte, dass die Kinder von Wagner waren, den Cosima – nach ihrer Scheidung – auch heiratete.

Hat es nie verkraftet, dass seine Frau Cosima mit seinem Freund Richard Wagner »durchgegangen« ist: Hans von Bülow

Erstaunlich ist, dass Hans von Bülow und Richard Wagner, die enge Freunde waren, einander weiterhin beruflich verbunden blieben. Das ging so weit, dass Bülow – obwohl er die Untreue seiner Frau nie verkraften konnte – nach der Trennung die Erstaufführungen der Wagner-Opern *Tristan und Isolde* sowie *Meistersinger* dirigierte.

Von Liszt über Wagner bis Loriot

Ansonsten brachten die Angehörigen des im 13. Jahrhundert erstmals erwähnten Mecklenburger Geschlechts der Bülows etliche Bischöfe, Politiker und Kriegsherren hervor, wobei Heinrich von Bülow wohl ein Raubritter der besonderen Art gewesen sein muss. Er zündete 1383 das Dorf Wilsnack in Brandenburg an und ließ sich nach dieser Tat wie ein Held feiern. Der Grund: In den Resten der abgebrannten Kirche wurden drei Hostien entdeckt, die die Katastrophe überstanden hatten. Der mörderische Anschlag wird aus diesem Grund in Brandenburg heute noch als Wunder empfunden.

Der bei Weitem sympathischste Bülow war der unter dem Pseudonym Loriot berühmt gewordene Humorist und Zeichner Vicco von Bülow, der das Alltagsleben des deutschen Bürgertums wie kein anderer aufzuzeigen und zu karikieren verstand.

Loriot wird doch nicht einen seiner Ahnen gemeint haben, als er einmal in einer satirischen Szene sprach: »Der Knabe stammte aus bester Familie, er ist überdurchschnittlich begabt und hat – von einem belanglosen Raubmord abgesehen – seinen Eltern nur Freude gemacht.«

Drei Baumeister der Republik

»Österreich ist frei«

Die Tochter erinnert sich an Leopold Figl

Es ist schon ein paar Jahre her, dass mich die Tochter des ersten Bundeskanzlers der Zweiten Republik in ebenjener Wohnung empfing, in der Leopold Figl Geschichte geschrieben hat.

Die Bauernstube ist unverändert geblieben, und auch in den anderen Zimmern stehen die Möbel immer noch so da wie damals. Die Bilder hängen dort, wo sie zu Lebzeiten des legendären Politikers gehangen sind, und auf dem Türschild steht nach wie vor »Ing. L. Figl«. Und das, obwohl viele Jahrzehnte vergangen sind, seit der Bundeskanzler, Außenminister und einer der »Väter des österreichischen Staatsvertrags« gestorben ist. Seine Tochter bewohnt heute noch seine Villen-Etage in Wien-Döbling. Und sie erinnert sich an den privaten Leopold Figl, der zu den Baumeistern der Zweiten Republik zählt.

»Ich habe meinen Vater erst kennengelernt, als ich sieben Jahre alt war«, erzählt Anneliese Figl, »bis dahin saß er im Konzentrationslager. An die Zeit vor seiner Verhaftung im März 1938 kann ich mich nicht erinnern, doch dann, im Frühjahr 1943, stand plötzlich eines Morgens ein fremder Mann neben meinem Bett, und ich hab' meine Mutter gefragt: ›Ist das mein Papi?‹«

»Österreich ist frei«

Ja, er war es. Auf 45 Kilo abgemagert, fünf Jahre lang für seinen Glauben an Österreich in Dachau eingesperrt, gefoltert und gedemütigt, war er mitten im Krieg überraschend nach Hause gekommen und seiner Frau Hilde und seinen Kindern Hans und Anneliese um den Hals gefallen: »Er hat sicher sehr darunter gelitten, dass er das Heranwachsen seiner Kinder nicht miterleben durfte.«

»Meine Kinder«, schreibt er seiner Frau aus der Haft, »werde ich kaum erkennen, insbesondere Anneliese.« Die heute noch überzeugt davon ist, »dass wir mehr als zwei Kinder geworden wären, hätte mein Vater nicht so viele Jahre in Haft verbracht«.

Zwei Jahre und eine weitere Inhaftierung durch die Nazis später war Figl der erste frei gewählte Bundeskanzler der Zweiten Republik. »Hier, in der Bauernstube«, erinnert sich seine Tochter, »hat er viel mit Politikern, Freunden und Mitarbeitern geredet, unmittelbar nach dem Krieg gab es ja keine Restaurants, in denen man sich treffen konnte, also sind sie da gesessen und haben über das Schicksal des zerstörten Landes entschieden.«

Doch davon haben weder Anneliese Figl noch ihr Bruder oder ihre Mutter etwas mitbekommen, da die Türen zur Bauernstube stets verschlossen waren. Politik hielt er von der Familie fern. Dennoch hat die Tochter vieles beobachtet. »Ich habe am Heiligen Abend 1945 die berühmte Rede meines Vaters im Radio gehört, in der er als Bundeskanzler sagte: ›Ich kann euch zu Weihnachten nichts geben ... Wir haben nichts. Ich kann euch nur bitten: Glaubt an dieses Österreich!‹« Und am 15. Mai 1955 hat sie die Übertragung aus dem Belvedere gehört, wo er die wichtigsten Worte seines Lebens rief: »Österreich ist frei.«

»Das waren bewegende Momente für mich, den eigenen Vater in

Drei Baumeister der Republik

solch historischen Stunden im Radio zu hören« – Fernsehen gab es damals noch nicht. Und sie war sehr stolz auf ihn.

Der April des Jahres 1945 war wohl die unglaublichste Zeit in Figls Leben. Eben noch als »Verräter« Häftling in Mauthausen und im Wiener Landesgericht und von den Nationalsozialisten zum Tode verurteilt, wurde er, als die Rote Armee näher rückte, am 6. April aus der Todeszelle befreit. Elf Tage später war er bereits einer der Gründer der Österreichischen Volkspartei, nach weiteren zehn Tagen niederösterreichischer Landeshauptmann und im Dezember Bundeskanzler. »Dabei hatte er nicht einmal etwas Ordentliches anzuziehen«, sagt seine Tochter. »Er hatte noch ein paar alte, abgetragene Anzüge, die ihm viel zu weit waren und an seinem ausgemergelten Körper schlotterten. So ist er in die Regierung gegangen.«

Leopold Figl kam am 2. Oktober 1902 in Rust im Tullnerfeld als eines von neun Kindern einer Bauernfamilie zur Welt, die die Mutter allein aufziehen musste, da ihr Mann jung verstorben war. Nach absolviertem Landwirtschaftsstudium wurde Leopold Figl von 1933 bis 1938 im »Ständestaat« Direktor des niederösterreichischen Bauernbunds. Nach dem »Anschluss« als »Schutzhäftling Nummer 13897« ins KZ Dachau deportiert, blieb er bis Mai 1943 in Haft. Bereits dort plante er gemeinsam mit den einst verhassten Sozialisten das Wiedererstehen Österreichs.

Figl war von 1930 bis zu seinem Tod mit Hilde Hemala verheiratet, die 1989 starb. Das Ehepaar hatte zwei Kinder, den Elektroingenieur Johannes Figl (1932–2000), und Diplomkaufmann Anneliese Figl (*1936).

Die Tochter besitzt heute noch Figls privates Gästebuch, in dem sich Mitstreiter und Politikerkollegen verewigt haben. Schwarze und Rote, von Julius Raab über Kardinal Innitzer bis Karl Renner und Adolf Schärf.

Auch Figl selbst trug sich ins eigene Gästebuch ein. Als er am 8. Mai 1943 aus Dachau heimkehrte, notierte er in schlichten Worten: »Zu Haus ist's am schönsten!« Doch die Freiheit währte nur kurz. Denn nach dem Stauffenberg-Attentat auf Hitler wurde Figl am 8. Oktober 1944 neuerlich von der Gestapo abgeholt und als »Volksverräter« zum Tode verurteilt. »Völlig grundlos, er hatte mit dem Attentat absolut nichts zu tun«, erzählte seine Tochter, »aber es genügte wohl zu wissen, dass er auf der anderen Seite stand.« Figl saß von da an bis April 1945 in Haft.

Anneliese Figl kann sich nicht daran erinnern, dass ihr Vater jemals darüber gesprochen hätte, was ihm von den Nationalsozialisten angetan wurde, »das war kein Thema, er war vom ersten Tag an wieder politisch aktiv und hat immer nur nach vorn geschaut. Gut möglich auch, dass er vieles von dem, was er erlebte, verdrängt hat.«

Bundespräsident Renner schrieb im Dezember 1945 in Figls Gästebuch: »Meinem treuen, standhaften Mitarbeiter ... die besten Grüße des Bauernsohnes dem Bauernsohn, die aufrichtigen Wünsche für erfolgreiche Arbeit am Wohl unseres Volkes.«

»Der Poldl«, wie die Österreicher Figl liebevoll nannten, war der bei Weitem populärste Politiker des Landes, als er im März 1953 durch einen Putsch in seiner eigenen Partei als Bundeskanzler gestürzt wurde, nachdem man ihm »zu große Kompromissbereitschaft mit den Sozialisten« vorgeworfen hatte. Das Schlimmste an der Situation war, dass sein bester Freund Julius Raab an seinem Sessel mitgesägt hatte und sein Nachfolger wurde. »Mein Vater war sehr verbittert«, meint Anneliese Figl, »aber er hat nie über diese Kränkung gesprochen. Das Erstaunliche ist, dass die Freundschaft

Drei Baumeister der Republik

mit Raab trotz allem aufrecht blieb. Mein Vater konnte zwischen der persönlichen Enttäuschung und der staatspolitischen Situation unterscheiden.«*

Auch Raab zeigte, dass er Figl weiterhin freundschaftlich verbunden war und holte ihn als Außenminister in sein Kabinett. Kaum jemand hätte damals gedacht, dass damit die wohl bedeutendste Aufgabe in Leopold Figls Karriere noch bevorstand: die Unterzeichnung des Staatsvertrags.

Bei den Verhandlungen zu diesem sei viel Alkohol geflossen, hört man immer wieder. Kann Anneliese Figl das bestätigen? »Mein Vater hat sicher gerne das eine oder andere Glas Wein getrunken«, erklärt sie, »aber er war kein exzessiver Trinker. Der Wein hat einfach die richtige Atmosphäre geschaffen, um miteinander reden zu können. Bei den Verhandlungen zum Staatsvertrag mit den Sowjets ist aber auch viel Wodka geflossen. Den hat mein Vater gar nicht mögen, aber er wusste, dass die Russen es als Beleidigung empfinden würden, wenn er den abgelehnt hätte. Also musste er auch Wodka trinken.«

Die meistzitierten Worte in Bezug auf Figls Freude an einem guten Tropfen fand der Schriftsteller Otto Zernatto: »Kein andrer kam ihm gleich, denn er soff für Österreich.«

»Ich habe meinen Vater am 15. Mai 1955 nur ein paar Minuten gesehen«, erinnert sich seine Tochter. »Er kam nach der Staatsvertrags-Zeremonie im Belvedere kurz nach Hause, um sich schnell für den Abendempfang in Schönbrunn umzuziehen. Viel erzählen über den großen Tag konnte er da nicht, alles ging ruckzuck und schon war er wieder weg.«

----

* Siehe auch Seiten 116–118

»Österreich ist frei«

So fröhlich und gut gelaunt Leopold Figl auf den Bildern des Staatsvertrags wirkt, so schwer war der Tag für ihn persönlich, hatte er doch seine geliebte Mutter nur vier Tage davor zu Grabe tragen müssen.

Leopold Figl, einer der Gründerväter der Zweiten Republik, einer der Architekten des Wiederaufbaus und des Staatsvertrags, starb am 9. Mai 1965. Er war an Nierenkrebs erkrankt, schleppte sich bis zuletzt täglich ins Büro, nahm alle Verpflichtungen wahr. »Es ist durchaus möglich«, sagt seine Tochter, »dass sein früher Tod mit 62 Jahren die Folge der Schläge war, die er in Dachau und Mauthausen hatte ertragen müssen.«

Julius Raab (links) war am Putsch gegen Leopold Figl beteiligt – und doch blieben sie Freunde.

Der Mann mit der Virginia

Staatsvertragskanzler Julius Raab

Auf dem berühmten Foto am Balkon des Wiener Belvedere steht Julius Raab rechts außen und schaut zu Leopold Figl hinüber, der den österreichischen Staatsvertrag in Händen hält. Und das, obwohl Raab als Bundeskanzler eigentlich die zentrale Figur der Stunde gewesen wäre. Doch den Triumph wollte er seinem Außenminister überlassen.

Merkmale seiner populären Erscheinung waren die von ihm bevorzugt verzehrte Knackwurst, deren Bezeichnung »Beamtenforelle« er erfunden haben soll, und die stets aus seinem Mundwinkel hängende Virginia-Zigarre. Julius Raab hatte absolut nichts gegen sein volkstümliches Image, es überdeckt allerdings ein wenig seine Bedeutung als einer der wesentlichen Politiker der Zweiten Republik. Natürlich hat der Staatsvertrag mehrere »Väter«, doch Raab war es, der im richtigen Moment die richtigen Schritte setzte.

Um in die Reihe großer Politiker Eingang zu finden, musste er einen langen Weg gehen, der – wie die Geschichte des Landes – nicht unbedingt geradlinig verlief. Denn so lupenrein demokratisch wie Raab nach 1945 war, hat er sich nicht immer verhalten. Der am 29. November 1891 in St. Pölten geborene Baumeister schloss sich nach seinem Dienst als Oberleutnant im Ersten Weltkrieg der christlichsozialen Partei an – aber auch der bewaffneten, paramilitärischen Heimwehr.

Auch wenn er dort zu den liberalen Kräften zählte, ist aus dieser Zeit von Raab ein antisemitischer Ausspruch gegen den damaligen

Der Mann mit der Virginia

Sozialistenführer Otto Bauer dokumentiert. Doch bald vollzog Raab eine tiefgreifende Wandlung. Er sah, wohin die Hetze führte, und demaskierte den Nationalsozialismus früh als verbrecherische Organisation. Als ihm die Heimwehr zu radikal wurde, kehrte er ihr den Rücken und engagierte sich politisch nur noch für die Christlichsozialen. Im Februar 1938 ernannte ihn Bundeskanzler Schuschnigg zum letzten Handelsminister der Ersten Republik. Als Raab wenige Tage vor dem »Anschluss« an Hitler-Deutschland bei seinem Freund Figl eingeladen war, schrieb er ihm ins Gästebuch: »Österreich muss bleiben, Rot weiß rot bis in den Todt, Ist nicht nur ein schales Wort, Ist unser Sinn, ist unser Hort.«

In der Nazizeit wieder als Baumeister tätig, zählte Raab im April 1945 zu den Gründern der Volkspartei und des Wirtschaftsbundes. Als Figl nun Bundeskanzler wurde, wollte er seinen Freund Raab als Handelsminister einsetzen, was jedoch von den sowjetischen Besatzern wegen dessen seinerzeitigen Zugehörigkeit zur Heimwehr abgelehnt wurde.

Wenige Jahre später kam es zur menschlichen Tragödie zwischen den beiden Weggefährten. 1953 wurde Figl von der ÖVP als Partei- und Regierungschef abserviert und Raab zu seinem Nachfolger ernannt.[*]

Als Außenminister Karl Gruber einige Monate später zurücktrat, holte Raab seinen alten Spezi Figl – obwohl der keine einzige Fremdsprache beherrschte – ins Außenamt. Und das zu einer Zeit, in der es für das vierfach besetzte Österreich um alles oder nichts ging: Gemeinsam arbeiteten sie nun verbissen an der Durchsetzung eines Staatsvertrags, der dem Land die Freiheit bringen sollte.

---

[*] Siehe auch Seiten 110–115

Julius Raab kam dabei eine entscheidende Rolle zu. Er war es, der Sowjets und Westmächte von Österreichs Zukunft als neutrales Land überzeugen konnte. Und dennoch stellte er sich nach Unterzeichnung des Staatsvertrags an den äußeren Rand des Balkons im Schloss Belvedere, wobei er in den meisten Veröffentlichungen des Bildes sogar weggeschnitten wurde. Spätestens jetzt waren alle früheren Konflikte mit Leopold Figl bereinigt.

Raabs zweite Großtat war die Schaffung des Wirtschaftswunders. Dass er auch Humor hatte, zeigt seine Definition dieses Begriffs: »Die Deutschen«, sagte Raab, »verdanken das Wirtschaftswunder ihrem Fleiß, ihrer Strebsamkeit und ihrer Ausdauer. Das österreichische Wirtschaftswunder ist hingegen wirklich ein Wunder.«

Nach Erkennen der Fehler, die in der Ersten Republik begangen wurden, zählte Raab ebenso wie sein Freund Figl jetzt zu den konservativen Politikern, die zu Sozialisten und Gewerkschaftern ein geradezu freundschaftliches Verhältnis aufbauten. Raab hat auf diese Weise als einer der Mitbegründer der österreichischen Sozialpartnerschaft Geschichte geschrieben.

Zwei Jahre nach Abschluss des Staatsvertrags erlitt Julius Raab einen Schlaganfall, der ihm die Kräfte raubte. Er versuchte weiterzuarbeiten, trat aber 1961 zurück. Zu den Fehlern, die man ihm anlastet, zählt, dass er – wie andere Große – keinen geeigneten Nachfolger aufgebaut hat. Der neue Kanzler Alfons Gorbach konnte nie das Format seiner Vorgänger Figl und Raab erlangen.

Wenige Monate vor seinem Tod verheizte die Volkspartei ihren Säulenheiligen Julius Raab noch als Bundespräsidentschaftskandidaten gegen das amtierende Staatsoberhaupt Adolf Schärf, wobei Raab – von seiner schweren Krankheit gezeichnet – chancenlos blieb. Er starb am 8. Jänner 1964 in Wien.

Kreisky sehr persönlich

Aus den privaten Tagebüchern eines Mitstreiters

Kumm wiast willst, nur g'schneuzt und kampelt«, sagte Bruno Kreisky zu seinem künftigen Handelsminister, der ihm eben gestanden hatte, dass er weder Frack, Smoking noch Stresemann oder Cut besitze und daher im dunklen Anzug zur Angelobung beim Bundespräsidenten erscheinen müsse. Im Bruno Kreisky Archiv in Wien lagert ein Schatz, den es zu heben galt. Josef Staribacher*, der dem Kabinett Kreisky vom ersten bis zum letzten Tag angehörte, hat aus dieser Zeit ein mehr als fünfzehntausend Seiten (!) umfassendes Tagebuch hinterlassen, das fünf Jahre nach seinem Tod zur Veröffentlichung freigegeben wurde. Es zeigt unbekannte und mitunter kuriose Details am Rande der Politik auf.

Der Handelsminister diktierte seine Erlebnisse von 1970 bis 1983 auf Tonband, »weil ich ab 4.30 Uhr früh nicht mehr schlafen kann. Die Ursache dieses Zustandes, der mir vollkommen neu ist: Meine Berufung als Minister.« Kreisky hat Staribacher, ohne ihn vorher gefragt zu haben, einfach auf die Ministerliste gesetzt und spätnachts, als längst alles feststand, davon telefonisch informiert. Das war auch der Moment, da Staribacher Kreisky mitteilte, dass er über keine entsprechende Kleidung für die Angelobung beim Bundespräsidenten verfüge. Damals kam es tatsächlich noch vor, dass Minister zu solchen Anlässen im Stresemann erschienen. Jedenfalls kommt Staribacher, dem Wunsch Kreiskys entsprechend, »g'schneuzt und kampelt«.

---

* Josef Staribacher, 1921–2014, Handelsminister im Kabinett Kreisky 1970–1983

Drei Baumeister der Republik

Die erste Regierungsbesprechung am 21. April 1970 bestand, ist Staribachers Aufzeichnungen zu entnehmen, »nur in einer Unterweisung von Kreisky über die Gepflogenheiten in finanziellen Fragen … Mein Versuch, auf meine Dienstautos – jedem Minister stehen zwei zu – zu verzichten, findet nicht die Zustimmung. Androsch meint, der Vorschlag bringt nichts.«

Nach der Angelobung durch den Bundespräsidenten begibt sich die neue Regierung von der Präsidentschaftskanzlei über den Ballhausplatz ins Kanzleramt. Beim ersten Ministerrat geht's recht österreichisch zu. Denn als erster Tagesordnungspunkt der neuen Regierung ist laut Staribachers Tagebuch angesetzt: »Sektionschef Jiresch teilt nun die Autonummern zu.« (Kreisky W 1, Vizekanzler Rudolf Häuser W 2, die Minister folgten mit W 3, W 4, W 5 …, Anm.) Nach leisen Protesten bezüglich der Dringlichkeit der Nummernvergabe erklärt der Sektionschef, dass dies notwendig sei, da in früheren Regierungen »großer Streit« bezüglich dieses Themas geherrscht habe. »Mir völlig unverständlich«, kommentiert Staribacher, der aufgrund seiner Frohnatur bald »Happy Pepi« genannt wird.

Der später als »Sonnenkönig« und »Journalistenkanzler« apostrophierte Bruno Kreisky beherrscht das Spiel mit den Medien vom ersten Tag an. »Er wünscht«, so Staribacher, »dass womöglich von jedem Ministerrat eine neue Meldung hinausgeht, die den Wert hat, die Headlines in den Zeitungen zu bekommen, und dass nicht so genannte Hofberichte über die Tagesordnung erscheinen.«

Das gelingt dem Regierungschef schon mit seinem ersten Antrittsbesuch, der ihn ins Erzbischöfliche Palais zu Kardinal Franz König führt. Eine neue Form des Umgangs mit der katholischen Kirche bahnt sich an.

Kreisky sehr persönlich

Erster Tagesordnungspunkt der neuen Regierung ist die Vergabe der Autonummern: Kreisky nach der Angelobung am 21. April 1970

Es gibt aber auch Gegenwind: Simon Wiesenthal kritisiert heftig, dass vier Minister im Kabinett Kreisky I der NSDAP, der SS oder der SA angehört haben: Innenminister Otto Rösch, Bautenminister Josef Moser, Verkehrsminister Erwin Frühbauer und Landwirtschaftsminister Hans Öllinger. Nur Öllinger tritt am 22. Mai 1970, offiziell aus gesundheitlichen Gründen, zurück. Öllingers Nachfolger ist Oskar Weihs, der, wie sich bald herausstellen sollte, ebenfalls Mitglied der NSDAP war.

Abgesehen davon, dass er nicht über die der Würde des Amtes entsprechenden Kleidungsstücke verfügt, ist Staribacher auch bald

Drei Baumeister der Republik

bekannt dafür, dass er den Besuch jeglicher Art von Bällen, Empfängen oder Partys ablehnt – sehr zum Missfallen seiner ballbegeisterten Frau. Also lädt Kreisky Frau Staribacher ein, ihn zum Opernball 1971 zu begleiten. »Meine Frau konnte nicht widerstehen und tatsächlich, als ich Donnerstagabends nach Hause kam, ging sie gerade zum Opernball. Ich war über diese Lösung sehr zufrieden, da ich mir das Ballgehen erspare und ihr ein jahrzehntelanger Wunsch erfüllt wurde.«

»Ich glaube, Kreisky ist eine zu starke Persönlichkeit, die ununterbrochen jedem einzelnen in jeder kleinsten Phase seinen Willen aufzwingen will«, notiert Staribacher am 25. Februar 1971, nach zehn Monaten in der Regierung. »Wenn er das auch nicht mit aller Gewalt macht, sondern sehr geschickt zu tarnen versteht, so ist natürlich für eine andere Persönlichkeit in seiner Umgebung kaum noch Platz. Ich kenne allerdings niemanden, weder von seinen Freunden noch von seinen Gegnern, und die müssen nicht unbedingt im Lager der ÖVP sein, der nicht anerkennt, dass er eine faszinierende Persönlichkeit ist.«

Im Sommer 1971 stellt Kreisky einen Antrag auf vorzeitige Beendigung der Gesetzgebungsperiode, der von der Freiheitlichen Partei unterstützt wird. Damit ist der Weg frei zu Neuwahlen am 10. Oktober, bei denen die SPÖ erstmals die absolute Mehrheit erreicht. Das Kabinett Kreisky II bildet die nächste Alleinregierung.

Die Volkspartei scheint sich auf eine längere Oppositionsphase einzustellen, geht aus Staribachers Eintrag vom 4. November 1971 hervor: »Fischer Heinz bemerkte nicht zu Unrecht, dass es interessant ist, wie jetzt einzelne ÖVP-ler den Bundeskanzler hofieren, d. h. ihm durch Informationen oder Sonstiges zu erken-

Kreisky sehr persönlich

nen geben, wie sie sich noch immer um die gemeinsame Sache bemühen ...«

Andererseits zeigen sich laut Tagebuch vom 15. Februar 1972 für die Volkspartei verstärkt die ungewohnten Mühen der Oppositionsarbeit: »Die ÖVP greift uns ganz hart und massiv an. Dabei passieren ihr aber einige Fehler. Was ich immer in der Opposition befürchtet habe, trifft nun in der ÖVP hundertprozentig zu. Einige dumme Zwischenrufer machen bei der Firmennamennennung von Kreisky den Zwischenruf Jud', was sich in dem Fall auf die Firma* beziehen soll, aber natürlich auch anders ausgelegt werden kann.«

Nach einer Sitzungsunterbrechung des Nationalrats entschuldigt sich einer der Zwischenrufer bei Kreisky. »Der zweite Zwischenrufer, es war ein Mann aus Kärnten, kommt zu mir und sagt, er hätte nicht ›Jud‹ gesagt, sondern ›das ist a Lug‹. In der Klubsitzung meint Kreisky, man sollte nicht immer wieder von diesen oft unter Alkoholeinfluss stehenden Zwischenrufern Entschuldigungen annehmen und verlangt, dass sich Koren** namens des ÖVP-Klubs entschuldigt. Die ÖVP ist so im Eck, dass selbst Koren dies macht.«

Während der Kranzniederlegung im Gedenken an die Gefallenen des Ersten und Zweiten Weltkrieges und die Opfer des Nationalsozialismus am Nationalfeiertag 1973 bemerkt Staribacher, »dass Kreisky sehr ergriffen ist. Er hat sich ganz dezent abgewendet und die Augen getrocknet. Ich nehme nicht an, dass er verkühlt war, sondern ich glaube, letzten Endes sind das auch für ihn Minuten der Besinnung, die einen sicherlich zu Tränen rühren können.«

---

* Gemeint ist der Lebensmittelkonzern Felix, dessen Eigentümer mit Bruno Kreisky verwandt waren.

** Stephan Koren, 1919–1988, 1968–1970 Finanzminister, 1970–1978 ÖVP-Klubobmann, danach Präsident der Oesterreichischen Nationalbank

Drei Baumeister der Republik

Gegen Ende des Jahres 1973 herrscht in Europa große Aufregung, weil die arabischen Erdöl exportierenden Staaten infolge des Jom Kippur-Krieges die Ölfördermengen gezielt drosseln und in den westlichen Industrieländern der Ölpreis hinaufschnellt. Die Folgen sind verordnete Tempolimits und ab Jänner 1974 ein »Pickerl« an der Windschutzscheibe jedes Pkw, das anzeigt, welcher Wochentag »autofrei« ist.

Staribacher fühlt sich in dieser Sache von Kreisky ungerecht behandelt und denkt allen Ernstes an seinen Rücktritt. Der Grund: *Kurier* und *Krone* kritisieren ihn hart, »weil ich die ganze Zeit Optimismus zeige und fast fahrlässig das Energieproblem behandelt habe, während Kreisky mit dem richtigen G'spür der Bevölkerung sagt, wie die Situation wirklich ist. Kreisky hat bei einem Pressegespräch nach der Ministerratssitzung alle die Maßnahmen verkündet, die ich bereits vor drei Wochen vorgeschlagen habe und damals rundweg abgelehnt wurden ... Ich möchte mich nicht als Opfer hinstellen, sondern nur festhalten, dass mir der Grundsatz mehr wert ist als mein persönliches Prestige. Allerdings gebe ich zu, dass es sicherlich einmal einen Punkt geben kann, wo man erklärt, bis hierher und nicht weiter. In diesem Fall hat man dann allerdings die Konsequenzen zu ziehen. Wenn es nach mir persönlich gehen würde, lieber heute als morgen.«

Am 24. April 1974 stirbt Bundespräsident Franz Jonas. Bereits eine Woche vor seinem Tod »baut Kreisky sehr geschickt, ohne dass der Name auch nur einmal angesprochen wird, Kirchschläger* (als seinen Nachfolger, Anm.) auf. In dieser Beziehung kann man immer

---

* Rudolf Kirchschläger, 1915–2000, Außenminister 1970–1974, Bundespräsident 1974–1986

Der Handelsminister ginge »lieber heute als morgen«: Staribacher und Kreisky

wieder nur sagen, wie Kreisky das spielt, ist einmalig.« Tatsächlich wird Rudolf Kirchschläger als unabhängiger Kandidat um das Amt des Bundespräsidenten ins Rennen geschickt. Er gewinnt die Wahl knapp gegen den Innsbrucker ÖVP-Bürgermeister Alois Lugger.

Zwischen zwei Versammlungen hört Staribacher am 25. Mai 1974 eine Radioreportage vom niederösterreichischen Wahlkampf und notiert: »Landeshauptmann Andreas Maurer erklärte sehr primitiv und ungeheuer demagogisch, Kreisky hätte noch nie etwas gearbeitet, er sollte einmal einen Schraubenschlüssel in die Hand nehmen, so wie ein anständiger Arbeiter. Obwohl ich wahrlich kein Kreisky-Fan bin, fühle ich mich doch verpflichtet, darauf zu reagieren. Dass von einem Landeshauptmann so niveaulos polemisiert wird, hätte ich nicht angenommen. Wird Maurer vielleicht auch nervös, weil er fürchtet, dass die von der ÖVP erwartete große Niederlage der SPÖ in Niederösterreich nicht eintritt?«

Indes gewinnt die Volkspartei die Wahlen mit 52 Prozent der Stimmen, die Sozialisten bleiben mit 44 Prozent abgeschlagen.

Drei Baumeister der Republik

Der neu gewählte Bundespräsident bittet die Regierung am 5. Dezember 1974 in die Präsidentschaftskanzlei. »Beim Essen selbst wurden nur alte Erlebnisse aus der Studentenzeit beginnend ausgetauscht«, notiert Staribacher. »Kirchschläger gestand, dass er einmal sogar für jemanden anderen eine Prüfung abgegeben hat, was Kreisky zu der Scherzbemerkung veranlasste, ›Gott sei Dank ist das nicht auch noch bekannt geworden.‹«

Im April 1975 zeigt sich Kreisky »empört, dass Major Reder noch immer nicht (aus der Haft, Anm.) entlassen wurde. In Österreich«, meint der Kanzler, »werden lebenslänglich Verurteilte nach fünfzehn Jahren entlassen, doch Reder sitze schon dreißig Jahre.« SS-Sturmbannführer Walter Reder wurde 1951 von einem Militärgericht in Bologna wegen Gräueltaten an der Zivilbevölkerung und Zerstörung der Stadt Marzabotto sowie Erteilen des Exekutionsbefehls über 2700 Zivilisten in der Toskana zu einer lebenslangen Haftstrafe verurteilt.

Kreisky ist nicht mehr Kanzler, als Walter Reder 1985 aus dem italienischen Gefängnis freikommt und nach Österreich abgeschoben wird, nachdem er bei den Bürgern von Marzabotto seine »tiefe Reue« für das Massaker ausgedrückt hat. FP-Verteidigungsminister Friedhelm Frischenschlager begrüßt den Kriegsverbrecher in Graz persönlich per Handschlag, was einen Skandal auslöst. Nach seiner Freilassung widerruft Reder alle Reuekundgebungen.

Anfang Dezember 1975 kommt in der Ministerratsvorbesprechung die Kreisky-Peter-Wiesenthal-Affäre zur Sprache. »Kreisky erörtert und begründet« laut Staribacher »das erste Mal, warum er gegen Wiesenthal eine so harte Sprache geführt hat.* Nach Kreiskys

---

* Simon Wiesenthal veröffentlichte nach den Nationalratswahlen 1975 einen Bericht über die Nazivergangenheit von FPÖ-Chef Friedrich Peter.

Kreisky sehr persönlich

Meinung handelt es sich hier um politische Manöver, die letzten Endes die FPÖ so diskreditieren sollen, dass eine Koalition mit ihr unmöglich ist. Jetzt hofft man von Seiten der ÖVP, und Wiesenthal ist ein prononcierter Mann dieser Partei, die FPÖ so zu ändern, dass ein eventueller liberaler Flügel so geschwächt wird, dass er nicht 1979 als Koalitionspartner der SPÖ in Frage käme, sondern nur mehr dann eine Koalition ÖVP-SPÖ übrig bliebe.«

Wie des Öfteren schon werden in diesen Tagen Zeitungsberichte über Kreiskys um zwei Jahre älteren Bruder Paul veröffentlicht, der 1938 nach Palästina ausgewandert ist und jetzt in bescheidenen Verhältnissen in Israel lebt, was dem Bundeskanzler immer wieder zum Vorwurf gemacht wurde. »Kreisky selbst wird ständig von einer Gruppe von Leuten auch im Ausland diskreditiert«, schreibt Staribacher. »So hat man auch erzählt, er kümmert sich nicht um seinen Bruder, der betteln gehen muss. In Wirklichkeit unterstützt ihn Kreisky seit Jahrzehnten. Um einen entsprechenden Eindruck zu erwecken, hat man dem Bruder erklärt, man möchte eine Filmvorführung machen, damit er sich wochenlang nicht den Bart rasiert und besonders verwahrlost aussieht.«

Am 30. September 1976 erzählt Bundespräsident Kirchschläger zu vorgerückter Stunde, wie er seinerzeit von Kreisky in die Regierung geholt wurde. Staribacher notiert: »Kreisky erreichte ihn telefonisch in Brünn und fragte ihn, ob er das Amt des Außenministers annehmen würde. Kirchschläger meinte, er müsse es sich überlegen. Kreisky antwortete darauf, er wisse nicht, ob das noch gehen würde, denn er fürchtete einige Journalisten dürften schon davon erfahren haben. Kirchschläger sagte also mehr oder minder gleich zu und musste dann erfahren, dass die Nachricht bereits im Fernsehen

Drei Baumeister der Republik

gesendet wurde. Zeit zum Überlegen hatte er wirklich nicht lange gehabt. Trotzdem muss ich feststellen, waren die alle noch besser dran, weil sie wenigstens gefragt wurden. Bei mir war es ja so, dass ich überhaupt erst vom Fernsehen erfuhr, dass ich Minister wurde. Allerdings muss ich zugeben, hätte mich Kreisky gefragt, hätte ich wahrscheinlich auch Ja gesagt.«

Mitte der 1970er-Jahre beginnt sich das Verhältnis zwischen Kreisky und Hannes Androsch zusehends zu verschlechtern. Grund ist die nach Kreiskys Ansicht bestehende Unvereinbarkeit von dessen Stellung als Finanzminister mit einer Beteiligung an der Steuerberatungskanzlei Consultatio, die Aufträge staatseigener Unternehmen erhielt.

Am 4. Dezember 1978 scheint der Konflikt erstmals in Staribachers Tagebuch auf: »Gratz* fürchtet, dass die Konsequenzen verheerend sind, wenn jetzt die Regierungsmannschaft – insbesondere durch Ausscheiden Androschs – umgebildet wird und mit einer neuen Regierung man auch dann in den Wahlkampf (1979, Anm.) gehen müsste ... Dies kann alles nur zur weiteren Schwächung unserer Partei und Regierung führen und die Volkspartei fühlt sich jetzt schon entsprechend stark, obwohl sie von der Sachpolitik dazu gar keinen Grund hätte.«

Bei einer parteiinternen Diskussion »sprachen sich alle für mehr Disziplin und mehr oder minder für Androschs Standpunkt aus. Eine Kommission soll feststellen, ob er sich Unrechtmäßigkeiten zuschulden hat kommen lassen und ob er nach den Gesetzen gehandelt hat.«

---

* Leopold Gratz, 1929–2006, 1970–1971 Unterrichtsminister, 1973–1984 Wiener Bürgermeister, 1984–1986 Außenminister, 1986–1989 Präsident des Nationalrats

Kreisky sehr persönlich

Androsch sagt am 6. Dezember 1978, dass er bereit sei, seine Anteile an der Consultatio treuhändisch verwalten zu lassen. »Kreisky erklärte, er könne auf Androsch als Finanzminister nicht verzichten.« Auch sonst verkehrt man nach außen hin immer noch freundschaftlich. Beim letzten Ministerrat vor Weihnachten wünscht Androsch als Vizekanzler »Kreisky alles Gute, insbesondere, damit sein Auge bald gesund wird.«

Eineinhalb Jahre später, am 16. April 1980, eskaliert die Situation während einer Klubsitzung: »Alle hatten den Eindruck, dass der Bruch zwischen Androsch und Kreisky vollzogen ist. Androsch erklärte im Fernsehen, ein Verkauf der Consultatio kommt nicht in Frage. Da würde er eher aus der Regierung ausscheiden. Kreisky wieder hat, ohne Namen zu nennen, dezidiert erklärt, er müsse eben auf die klare Trennung bestehen. Die Debatte dauerte bis Mitternacht.«

Bei einer Sitzung am 11. Dezember 1980 erklärt Kreisky »kurz und bündig«, dass Androsch Mitte Jänner (vorerst als Stellvertreter Generaldirektor, Anm.) in die Creditanstalt wechseln werde und alle seine politischen Ämter zurücklegt. Gleichzeitig schwärmt der Kanzler »und dies ist wahrlich nicht seine Überzeugung« (Staribacher, Anm.), »dass Androsch der beste Finanzminister war, der jemals in der Zweiten Republik agiert hat. Die wirkliche Meinung Kreiskys über die Finanzpolitik Androschs, die er aber größtenteils mitverursacht hat, ist die, dass wir total überschuldet sind, kaum mehr einen Spielraum für wirkliche aktive Finanzpolitik haben und der Nachfolger Androschs fast unlösbare Probleme vorfinden wird. Dies hat Kreisky allerdings immer nur im kleinsten Rahmen angedeutet.«

Ganz anders klingen die Reden, die beim letzten Ministerrat, an dem Androsch teilnimmt, gehalten werden. Wie's der Zufall will,

129

findet diese Sitzung am 20. Jänner 1981 und damit zwei Tage vor Kreiskys siebzigstem Geburtstag statt. Androsch, immer noch Vizekanzler, gratuliert Kreisky ganz offiziell namens der Regierung. »Er hätte ihn niemals anders als Herr Bundeskanzler angesprochen, diesmal aber sagte er lieber Bruno. Natürlich hatte er es schwer, diese Laudatio zu halten, hat es aber sehr geschickt aufgebaut.«

Kreisky bezeichnet Androsch in seinen Dankesworten ständig als lieben Freund, dem er sehr zu Dank verpflichtet ist. Die Leistung der elfjährigen Zusammenarbeit ist ein integrierender Faktor, und er möchte allen danken, insbesondere Androsch. Als er vor elf Jahren hinter der Pallas Athene Androsch fragte, ob er Finanzminister werden will, hat dieser mit einer Selbstverständlichkeit bejaht, die ihn erstaunt, aber dann sofort davon überzeugt hat, wie tüchtig er war.

Staribachers Kommentar zu dem bewegenden Abschied: »Die Presse muss und wird über diese beiden Geburtstagsreden sicherlich das schreiben, was auch mir dabei aufgefallen ist, der Streit zwischen den beiden, der mörderisch war, soll begraben sein, ob es notwendig war, so dick sich die gegenseitige Freundschaft zu bezeugen, weiß ich nicht, ich hätte dies sicherlich nicht zusammengebracht.«

Auch Kreiskys Amtszeit neigt sich ihrem Ende zu. Als er bei den Nationalratswahlen am 24. April 1983 die absolute Mehrheit verfehlt, gibt er seinen Rücktritt bekannt. »Eigentlich hat Kreisky nichts besonders Neues gesagt«, notiert Staribacher knapp vier Wochen später, am 17. Mai 1983. »Interessant war nur die Art, wie er es darstellt. Noch interessanter und auch für mich beeindruckend war, dass, als er erwähnte, jetzt fünfzig Jahre in der Politik für diese Partei zu arbeiten und von dieser Partei das entsprechende Ver-

Kreisky sehr persönlich

trauen gehabt zu haben, er fast in Tränen ausgebrochen ist und daher nicht mehr weiter sprechen konnte. Dies hatte ich bei Kreisky, den ich ja jahrzehntelang jetzt kenne, noch nie erlebt. Spurlos geht auch bei einem so kalten oder zumindest nach außen hin kalten Politiker dieses Ereignis, nämlich Abschied zu nehmen von der Politik, auch nicht vorüber.«

Den Abschluss bildet Staribachers Eintragung vom 20. Mai 1983: »Auf alle Fälle ist dies das letzte diktierte Tagebuch. Was ich damit anfangen werde, weiß ich nicht. Ursprünglich ist es handschriftlich entstanden, weil ich in der Nacht nicht schlafen konnte. Jetzt habe ich natürlich durch dreizehn Jahre diese Gewohnheit beibehalten. Froh bin ich, wenn ich's dann nicht mehr abdiktieren muss. Fast könnte ich sagen, die Ära Kreisky ist zu Ende, daher auch meine. Viele behaupten, dass es sich hier um ein zeitgeschichtliches Dokument handelt, von ungeheurer Bedeutung. Diese Meinung teile ich keineswegs, sicherlich sind die Aufzeichnungen ein Unikat, ob man damit etwas anfangen kann, weiß ich nicht.«

Während Bundeskanzler Josef Klaus und sein Nachfolger Bruno Kreisky einander im Wahlkampf 1970 nichts schuldig geblieben sind, sieht die Welt nach ihrer aktiven Zeit ganz anders aus. Kreisky schreibt in seinen Memoiren: »Was immer man über die Regierung Klaus sagt oder über die in ihr maßgebenden Persönlichkeiten, es handelte sich um untadelige Politiker.« Und Ex-Kanzler Klaus erklärt nach Kreiskys Tod: »Er konnte mit seiner Begabung und seiner Persönlichkeit die Politik ganz auf sich konzentrieren ... Ich habe ihn seit 1970 nur zwei Mal kurz gesehen. Es tut mir heute leid, dass ich eine Einladung von ihm nicht angenommen habe. Denn er war, bei allem, was uns politisch trennte, ein großer, ein außergewöhnlicher Mann.«

Die kleine
österreichische Welt

Von echten und falschen Dienstmännern

Als es in Wien noch Gepäckträger gab

Sie waren zuverlässig, diskret und nicht sehr teuer. An fast jeder Ecke stand, saß, lungerte oder schlief zuweilen ein Dienstmann und hielt sich »zu jedermanns Gebrauch bereit«, wie es ihre Konzession vorschrieb. Die echten Dienstmänner sind längst ausgestorben und wären vergessen, würde nicht ein einzigartiges Denkmal für alle Zeiten an ihren Berufsstand erinnern: der Kinofilm *Hallo Dienstmann* mit Hans Moser und Paul Hörbiger.

Das Aufgabengebiet der echten Dienstmänner war tatsächlich fast so vielfältig, wie es das gleichnamige Lied in der Verwechslungskomödie *Hallo Dienstmann* auf humorvolle Weise beschreibt:

Springen Sie für mich ins Wasser
Ziehen Sie meinen Hut heraus,
Und dann tragen S' als a Nasser
Ein Klavier noch in mein Haus ...

Mit ihren roten Kappen und den blechernen Nummerntafeln, die sie so stolz trugen wie Generäle ihre Epauletten, waren Wiens

Von echten und falschen Dienstmännern

Dienstmänner seit Erteilung der kaiserlichen Konzession im Jahr 1859 für die Überreichung von Geschäfts- oder diskreten Liebesbriefen ebenso zuständig wie für die Besorgung von Opernkarten oder für sonstige Botengänge. Vor allem aber waren die rund dreihundert befugten Wiener Gepäckträger natürlich auf Bahnhöfen anzutreffen, wo sie Berufs- und Urlaubsreisenden, wenn's sein musste, auch Berge von Koffern bis zum Bahnsteig oder ins Zugabteil schleppten.

Vor allem auf Bahnhöfen anzutreffen: Dienstmann am Wiener Westbahnhof

Die kleine österreichische Welt

Die von drei Wiener Instituten organisierten und aus allen Teilen der Monarchie zugewanderten Dienstmänner trieben sich auch am Naschmarkt, vor Hotels und überhaupt in den nobleren Bezirken herum.

Die Idee, einen ungeschickten Dienstmann in den Mittelpunkt einer heiteren Szene zu stellen, hatte Hans Moser schon im Jahr 1923, als er sich jene Nummer auf den Leib schrieb, die zur Rolle seines Lebens wurde. Dabei begann das Ganze mit einem kleinen Theaterskandal. Moser war trotz seiner 43 Jahre ein noch ziemlich unbekannter Schauspieler, als er im Etablissement Budapester Orpheum auf der Wiener Praterstraße zum ersten Mal in seiner Soloszene als Dienstmann auftrat, der Größe und Gewicht eines zu transportierenden Koffers nicht gewachsen ist. Um diese Figur möglichst realitätsnahe darstellen zu können, wollte er mit dem Sketch nicht erst auf der Bühne beginnen, sondern davor schon in voller Montur und Dienstmann-Kappe durch den Zuschauerraum wanken. Lautstark setzte er sich an einen Tisch des Kabaretts und schrie durch den Saal: »Gehn S', Herr Ober, hallo, können S' ma ka Bier bringen? I sitz da im Trockenen!«

Das Publikum reagierte verärgert und rief: »Hinaus mit dem b'soffenen Dienstmann!« Mosers eigentlicher Auftritt fand somit gar nicht statt. Doch tags darauf ließ er seine allzu realistische Szene im Saal weg – und *Der Dienstmann* wurde zu seiner größten Erfolgsnummer. Sein »Wia nehm man denn?«, sein »Mit'n Untergriff« und sein »Auf gebaut kommt's net an« wurden zu Markenzeichen des großen Nuschlers und gingen als Redewendungen in den österreichischen Sprachgebrauch ein.

Nach dem Zweiten Weltkrieg hatte Paul Hörbiger die Idee (und er scheint deshalb heute noch auf dem Vorspann als Co-Autor

Von echten und falschen Dienstmännern

»Wia nehm man denn?«:
Hans Moser hatte schon in
jungen Jahren großen Erfolg
mit seiner Dienstmann-
Nummer.

auf), aus dem Sketch einen abendfüllenden Kinofilm entstehen zu lassen. Unter der Regie von Franz Antel spielt Moser in *Hallo Dienstmann* einen echten und Hörbiger einen falschen Dienstmann, der nach dem Besuch eines Maskenballs seinen ersten Auftrag erhält. Gemeinsam kämpft das kongeniale Duo mit dem Transport einer übermäßig großen Holzkiste in einer der berühmtesten Szenen der österreichischen Filmgeschichte, um dann gemeinsam zu singen:

Sagen S' meiner Frau, ich komm erst morgen früh,
Und geh'n Sie heut für mich zur Neunten Symphonie …
Was es da so alles gibt, das ist kein Spaß,
Doch das Allerschwerste, das war das:

137

Hallo Dienstmann, Hallo Dienstmann!
Nehmen Sie hier diese Dahlie,
Hallo Dienstmann, Hallo Dienstmann!
Geh'n Sie damit zur Amalie …

Als der vielleicht populärste österreichische Film 1952 gedreht wurde, waren in Wien von den einstmals dreihundert konzessionierten Dienstmännern gerade noch siebzehn übrig, der allerletzte hieß dann Anton Wuich und brüstete sich, Botendienste für Johannes Heesters, Theo Lingen und andere Stars durchgeführt zu haben, wann immer sie in Wien waren.

Als Herr Wuich Mitte der 1950er-Jahre in Pension ging, war der Berufsstand ausgestorben.

Also bleibt auch die Geschichte, die der Satiriker Roda Roda niederschrieb, nur eine Anekdote aus vergangenen Zeiten: Er erzählt darin vom Dienstmann Nummer 404, der seinen Standplatz an der Aspernbrücke hatte. Das Außergewöhnliche an diesem Transporteur war, dass er blind war. Da Roda Roda wissen wollte, wie man mit einer solchen Behinderung Botendienste durchführen könne, verwickelte er ihn in ein Gespräch. Es ginge schon, sagte der brave Mann, er kannte sich ja gut aus in Wien, von früher her, als er noch gesehen hat. »Und wenn's einmal eine ganz schwierige Adress' is, so lass ich halt an Dienstmann kommen, der führt mi dann hin.«

Lebensrettung durch unauffindbaren Schmuck?
Eine Baronin überlebt den Ringtheaterbrand

Vorauszuschicken wäre, dass bestimmte Mythen in Österreich nicht aus der Welt zu schaffen sind. So bekam ich, als ich vor Jahren ein Buch über die Tragödie von Mayerling veröffentlicht hatte, Dutzende Briefe von Leuten, die ganz sicher waren, dass ihr Groß- oder Urgroßvater in der bewussten Zeit Jagdaufseher respektive Kammerdiener beim Kronprinzen Rudolf waren und somit Zeugen der Katastrophe vom 30. Jänner 1889. Auch Historiker und Autorenkollegen erzählten mir, dass sie derartige Informationen immer wieder erhalten hätten. Der unglückliche Kronprinz muss demnach Hunderte, wenn nicht Tausende Jagdaufseher und Kammerdiener gehabt haben.

Solche Geschichten werden gerne von Generation zu Generation weitergereicht, und in jedem Fall hat der Groß- oder Urgroßvater eine exakte Schilderung des Tathergangs hinterlassen: Rudolf und Mary Vetsera wurden in diesen Erinnerungen entweder mit einer Champagnerflasche erschlagen, von Einbrechern oder ausländischen Agenten getötet. In anderen Fällen sei der Täter ein eifersüchtiger Ehemann gewesen, der sich für einen Seitensprung seiner Gemahlin mit dem Thronfolger revanchieren wollte und die zufällig anwesende Mary gleich »mitnahm«. Welche Version sie auch vertraten, die Enkel der Jagdaufseher/Kammerdiener kannten sämtliche Details des Unglücks immer ganz genau.

Geht es nach anderen Zuschriften, die bei mir im Laufe der Jahre einlangten, muss Kaiser Franz Joseph zahllose außereheliche Kin-

Die kleine österreichische Welt

der gezeugt haben. Wirklich zahllose. Denn die Nachkommen wussten oder wissen immer aus allererster Hand, dass ihre Groß- oder Urgroßmutter ein Pantscherl mit dem Monarchen hatte, als er sich gerade in Bad Ischl oder sonst wo aufhielt und dort mit der Landbevölkerung in näheren Kontakt trat. Und dieses Pantscherl sei nicht ohne Folgen geblieben.

Jetzt aber zum Kern dieser Geschichte. Es gibt noch einen anderen, nicht minder weit verbreiteten Mythos. Demzufolge hätten viele Wiener für die Vorstellung von *Hoffmanns Erzählungen* am 8. Dezember 1881 Karten fürs Wiener Ringtheater reserviert. Sie wurden aber durch eine Verkühlung oder andere widrige Umstände am Besuch des Theaters gehindert und haben so den schrecklichen Brand, bei dem 386 Menschen ums Leben kamen, wie durch ein Wunder überlebt. In dem Theater müssen den Erzählungen zufolge an diesem Abend Abertausende Karten verkauft und nicht abgeholt worden sein.

Nun bekam ich wieder so eine Zuschrift. Frau Margarethe Leputsch erklärt freilich, einen Beweis vorlegen zu können, dass es in diesem Fall wirklich so gewesen sei. Laut einer Tagebucheintragung ihrer verstorbenen Mutter war deren Großmutter Maria Pfandler Kammerzofe bei einer Baronin Knorr auf Schloss Stiebar in Gresten. (Die Familie von Knorr war zu jener Zeit wirklich Eigentümerin des genannten Schlosses, Anm.)

»Den Winter verbrachte die Baronin in ihrer Wiener Wohnung«, beginnt die Eintragung im Tagebuch. »Eines Abends stand der Besuch des Ringtheaters am Programm. Die Baronin verlangte nach ihrem Anhänger, einer italienischen Mariendarstellung in Elfenbein, sicher ein Erbstück. Der Schmuck konnte trotz eifrigen

Lebensrettung durch unauffindbaren Schmuck?

Der Elfenbeinanhänger, den die Baronin Knorr ihrer Kammerzofe schenkte. Aus Dankbarkeit, weil sie durch sie den Brand des Ringtheaters überlebte.

Suchens nicht gefunden werden. Für Großmutter fielen so manche Vorwürfe ab. Sie wurde nervös, die Frisur der Baronin wollte nicht gelingen, es kam zu einem Wortgeplänkel und Großmutter lief weinend hinaus. Der Besuch der Vorstellung von *Hoffmanns Erzählungen* fiel ins Wasser!«

Womit das Leben der Baronin gerettet war. »Als Dank und Anerkennung schenkte sie meiner Großmutter den wertvollen Schmuckstein. Papa hat ihn mir weitergegeben.«

Tatsächlich stellte mir die Urenkelin der lebensrettenden Kammerzofe ein Foto des heute in ihrem Besitz befindlichen Anhängers zur Verfügung, der den Angaben, wie sie im Tagebuch geschildert werden, voll und ganz entspricht.

Mythos hin, Mythos her. War in diesem einen Fall vielleicht wirklich einer verhinderten Besucherin des Ringtheaters wie durch ein Wunder das Leben gerettet worden?

Die Straße, die in den Himmel führt
Wo die Prominenz wohnte

Man spaziert an schönen, meist alten Villen vorbei, die von Weinbergen gesäumt sind und ist nach einer zwanzigminütigen Bergaufwanderung im Paradies angelangt, das tatsächlich »Am Himmel« heißt. Mit anderen Worten: Man durchquert eine der schönsten Gegenden Wiens. Hier, in der Grinzinger Himmelstraße, wohnten zwei Bundespräsidenten, ebenso viele Bürgermeister, weltberühmte Komponisten, ein nicht minder bekannter Dirigent, ein Nobelpreisträger, prominente Architekten, die populärste Schauspielerdynastie des Landes und eines der größten Mathematikgenies aller Zeiten. Für diese Auflistung, die aus dem *Who's who* stammen könnte, muss es einen Grund geben. Warum hat sich die versammelte Prominenz hier angesiedelt? Bei einem Spaziergang durch die Himmelstraße erfahren wir es. Und wir erfahren, warum es auf der Himmelstraße wie im Himmel ist.

Die kleine Wanderung beginnt vor dem ebenerdigen Haus in der Himmelstraße Nummer 4, in dem Edmund Eysler im Jahr 1900 seine Operette *Bruder Straubinger* mit dem populären Lied *Küssen ist keine Sünd* komponierte. Ein paar Schritte weiter, auf Nummer 7, an einem der ältesten Grinzinger Hauerhäuser – es stammt aus dem 16. und 17. Jahrhundert –, erinnert eine Gedenktafel an den einstigen Hausbewohner Ralph Benatzky, der seinem Grätzel gleich seine Hymne schenkte: *I muss wieder einmal in Grinzing sein*. Unsterblich wurde er aber durch sein 1930 in Berlin uraufgeführtes *Weißes Rössl*, das erfolgreichste Singspiel des 20. Jahrhunderts, für das er die Titelmelodie *Im Weißen Rössl am Wolfgangsee* ebenso schuf wie die

Die Straße, die in den Himmel führt

Lieder *Im Salzkammergut da kann man gut lustig sein* und *Es muss was Wunderbares sein, von dir geliebt zu werden.*

Angeblich hat Ralph Benatzky – aber das ist wirklich nur ein Gerücht – die eine oder andere Melodie »gestiebitzt«, was den Schriftsteller Anton Kuh zu dem Ausspruch veranlasste: »Der Komponist *Benatzky* soll seinen Namen in *Benutzky* umändern.«

I muss wieder einmal in Grinzing sein: Ralph Benatzky, der Schöpfer des Weißen Rössls, *wohnte im Haus Himmelstraße 7.*

Die kleine österreichische Welt

Das auf der anderen, der rechten Straßenseite gelegene Haus Nummer 24 ist eine der großen von Wienern wie von Touristen bestaunten Attraktionen der Stadt: die Villa der Schauspielerdynastie Hörbiger-Wessely, die hier insgesamt acht Jahrzehnte zu Hause war.

Paula Wessely hat das 480 Quadratmeter große Gebäude samt fünftausend Quadratmeter Garten mit traumhaft schönem Blick auf Wien im Jahr 1935 von den Gagen ihrer ersten Filme – allen voran *Maskerade* – erworben und hier mit ihrem Mann Attila Hörbiger und ihren Töchtern Elisabeth Orth (*1936), Christiane (*1938) und Maresa Hörbiger (*1945) gelebt. Die Villa, deren Vorbesitzer die Industriellenfamilien Schoeller und Krupp waren, besteht aus einem ebenerdigen Winzerhaus aus der Biedermeierzeit und einem dreistöckigen Zubau aus der Jahrhundertwende.

Attila Hörbiger (1896–1987) bewohnte das Parterre, die Wessely (1907–2000) den ersten Stock, Kinder und Personal waren im Dachgeschoß untergebracht. Das Ehepaar Hörbiger-Wessely lebte hier bis zu seinem Tod. Die jüngste Tochter Maresa, die ihre Mutter bis zuletzt betreut hatte, erbte das Anwesen und verkaufte es im Jahr 2015. Sie sagte anlässlich des Eigentümerwechsels:

Viele Leute sind enttäuscht, dass die Familie Hörbiger die Villa verkauft hat. Ich bin es nicht. Meine Mutter hat das große Haus eher als Belastung empfunden und sich Sorgen gemacht, was einmal damit geschehen wird. Sie hätte sich sehr gefreut, dass ich es mehrere Jahre durch das Theater Zum Himmel öffentlich zugänglich gemacht habe. Aber sie hätte auch verstanden, dass ich es verkaufe. Bei meinem Vater bin ich mir da nicht so sicher, der ist sehr an dem Haus gehangen und hat

immer gesagt, dass er einmal von hier ›hinausgetragen werden will‹. Wir konnten ihm diesen Wunsch erfüllen, er ist in diesem Haus, das er so geliebt hat, gestorben.

Die kleine Gasse, die hinter dem Hörbiger-Haus verläuft, heißt heute Paula-Wessely-Weg.

Eine der Attraktionen der Himmelstraße: die Villa von Attila Hörbiger und Paula Wessely auf Nummer 24

Prominent waren auch die Bewohner des Anwesens, das an das Hörbiger-Grundstück angrenzt. Das neoklassizistische Haus Himmelstraße 26 mit großem Park und Pförtnerhaus stand den beiden ersten Bundespräsidenten der Zweiten Republik als repräsentative Amtsvilla zur Verfügung.

Die kleine österreichische Welt

Karl Renner war fast 75, als er 1945 Bundespräsident wurde, und bewohnte die efeuumrankte Villa mit seiner Frau und seiner Tochter. Renner wurde von der Himmelstraße jeden Tag in seine Amtsräume in der Hofburg chauffiert und verzichtete darauf, dass alle Verkehrsampeln, die er passierte, auf Grün geschaltet würden, wie er auch eine Spezialeskorte und eine gepanzerte Dienstlimousine als besondere Sicherheitsmaßnahmen ablehnte.

Als Renner am 14. Dezember 1950 achtzig Jahre alt wurde, kamen zahlreiche Abordnungen in die Himmelstraße, um zu gratulieren. Dabei wurden ihm Ehrenbürgerurkunden von nicht weniger als 108 niederösterreichischen Gemeinden überreicht. Man vermutet, dass Renner sich bei den Feiern überanstrengt hat. Jedenfalls erlitt er am Heiligen Abend einen Schlaganfall und fiel in ein tiefes Koma. Er verstarb am 31. Dezember 1950 um ein Uhr früh in seiner Dienstvilla in der Himmelstraße.

Stunden später übertrug der Rundfunk Renners kurz vor dem Schlaganfall aufgenommene Neujahrsansprache, während der halb Österreich, wissend, dass er mittlerweile verstorben war, mit Tränen vor den Radiogeräten saß. Renner rief posthum dazu auf, dass »wir Österreicher uns nimmermehr entmutigen lassen. Denn wer gleichsam von den Toten auferstanden – und das ist unsere Republik –, der glaubt an das Leben, vertraut auf die Zukunft und hegt vor allem Zuversicht.«

Nach Renner wurde die Villa seinem Nachfolger Theodor Körner zur Verfügung gestellt. Auch er verstarb hier an den Folgen eines Schlaganfalls, den er im Sommer 1956 erlitten hatte. Körner überlebte die bedrohliche Attacke zunächst und bestand trotz seiner 83 Jahre und gegen den Rat der Ärzte darauf, die Amtsgeschäfte bald wieder aufzunehmen. Der einstige General schleppte sich Tag für Tag in die Präsidentschaftskanzlei, war bemüht, eine durch den Schlaganfall erlittene rechtsseitige Lähmung zu überwinden und lernte mit der linken Hand zu schreiben, um weiterhin Unterschriften leisten zu können.

Hier lebten und starben Karl Renner und Theodor Körner, die ersten Bundespräsidenten der Zweiten Republik: Amtsvilla, Himmelstraße 26

Körner starb ein halbes Jahr später, am 4. Jänner 1957, als er in Anwesenheit des Neurologen Hans Hoff zum ersten Mal wieder ohne fremde Hilfe das Stufensteigen in der Himmelstraße meisterte. »Es war ein Tod, wie man ihn lieben Menschen nur wünschen kann«, erklärte Professor Hoff nach dem Ableben des Bundespräsi-

denten in einem Interview. »In dem Augenblick, da Theodor Körner
sich wie ein Kind über seine vermeintliche Genesung freute, wurde
er binnen Sekunden ohne Schmerzen und ohne Leid hinweggerafft.«

Auf den Junggesellen Körner folgte der verwitwete Adolf Schärf,
der sich weigerte, seine Privatwohnung in der Josefstädter Skoda-
gasse zu verlassen, da er die Isolierung Körners, seine Einsamkeit in
Grinzing, zu oft erlebt hatte, um dasselbe Schicksal erleiden zu wollen. Doch Schärf hätte ohnehin nicht lange in der Himmelstraße
wohnen können, da sich herausstellte, dass die Präsidentenvilla aus
»arisiertem« Vermögen stammte und restituiert werden musste.
Mittlerweile wurden das Grundstück der ehemaligen Präsidentenvilla und das benachbarte Hörbiger-Anwesen zusammengelegt und
befinden sich heute in einer Hand.

Die Himmelstraße trägt ihren Namen seit 1894, als sich unterhalb
des Cobenzls die Gastwirtschaft Am Himmel befand, die wohl so
hieß, weil sie auf einem der höchsten Punkte Wiens dem Himmel so
nahe war. Während man die rund einen Kilometer lange Himmelstraße erklimmt, vermeint man in der Stadt und doch irgendwie auf
dem Land zu sein. Am Rande des Wienerwalds gelegen, ist sie so
wenig befahren, dass man hier Rehen, Füchsen und allen möglichen
Vogelarten begegnen kann.

Beim Haus Nummer 30 stößt man auf eines der wenigen größeren
Gebäude der sonst mit Einfamilienvillen besiedelten Himmelstraße.
Heute ein elegantes Wohnhaus mit halbrundem Erker, wurde es
1911 als Malerakademie Delug errichtet, benannt nach dem Maler
Alois Delug, zu dessen Schülern Hans Fronius und Anton Kolig zählten. Ein anderer »Künstler« hat es nicht geschafft, einen Studien-
platz bei Delug zu bekommen: Adolf Hitler, dem der Professor

Die Straße, die in den Himmel führt

bereits 1907 wegen unzulänglicher Leistungen die Aufnahme in die Malschule und danach in die Architekturschule verwehrte. Es gibt Historiker, die meinen, dass die Weltgeschichte anders hätte aussehen können, wäre Hitler von Delug akzeptiert worden.

Sehr wohl ein großer Künstler – aber auch ein großer Nazi – war der in der Villa Himmelstraße 40–42 wohnende und dort tätige Lithograf, Radierer und Kupferstecher Luigi Kasimir. Im Jahr 1881 im damaligen Herzogtum Steiermark als Sohn und Enkel bekannter Maler zur Welt gekommen, siedelte sich Luigi Kasimir nach dem Kunststudium in Wien in der Himmelstraße an, wo er eine eigene Technik der Farbradierung schuf.

Er trat 1933 sowohl der illegalen NSDAP als auch der SA bei und nützte seine Verbindungen zur Partei weidlich aus, streifte nach dem »Anschluss« eine in jüdischem Besitz befindliche Galerie ein, die ihn zuvor vertreten hatte, und »kaufte« um einen Bruchteil des wahren Wertes die Kunstsammlung eines jüdischen Zahnarztes. Zum Teil bezahlten Kasimir und ein Kompagnon nicht einmal den vereinbarten »Kaufpreis«, zu dem die jüdischen Besitzer erpresst worden waren. Luigi Kasimir wurde 1946 wegen Betruges und illegaler Parteimitgliedschaft zu achtzehn Monaten schwerem, verschärftem Kerker verurteilt. In anderen Anklagepunkten freigesprochen beziehungsweise wegen eines Leberleidens vorzeitig aus der Haft entlassen, starb Luigi Kasimir 1962 in seiner Villa in der Himmelstraße.

Noch einmal zurück zum Haus Nummer 30. In ihm wohnte in den 1930er-Jahren der spätere Literaturnobelpreisträger Elias Canetti, der von der Himmelstraße so angetan war, dass er ihr ein Kapitel seiner Lebenserinnerungen *Das Augenspiel* widmete:

Die kleine österreichische Welt

Das stattliche Gebäude, auf halber Höhe der Himmelstraße, war als Malakademie geplant, hatte aber nie seinem Zweck gedient. Die Akademie war kaum fertig gebaut, als Delug starb* und der Kampf um ihre Erhaltung, als Anlage allein, wurde zur Sache seiner Schwester. Sechs große Wohnungen, auf jedem Flügel drei, wurden zum Vermieten abgeteilt ... Von einer kleinen seitlichen Terrasse, zu der überwachsene und verwitterte Stufen führten, hatte man einen Blick auf die Donauebene, die unermesslich schien. Das Verlockendste an dieser Wohnstätte, an sich schon schön, war, dass sie von der Endstation der 38er Tram in Grinzing unten und vom Wald weiter oben gleich weit entfernt war ...

Das zweite monumentale Bauwerk abgesehen von der ehemaligen Malerakademie ist das Doppelzinshaus Himmelstraße 41–43, das Politikern, Künstlern und einem genialen Wissenschaftler als Wohnadresse diente, wie mir der Grinzing-Kenner Franz Luger, der mich auf meinem Spaziergang begleitet hat, anvertraute. Der bedeutendste dieser Politiker war Karl Seitz, der ab 1923 als Bürgermeister das Wohnprogramm des Roten Wien durchzog, ehe er 1934 vom »Ständestaat« im Arbeitszimmer des Bürgermeisters verhaftet wurde. Dass er in seinen letzten Lebensjahren, aus der Gefangenschaft im Konzentrationslager Ravensbrück zurück in die Himmelstraße kommend, ausgerechnet schräg gegenüber seinem parteiinternen Widersacher Karl Renner wohnte, entbehrte nicht einer gewissen Pikanterie. Denn Seitz fühlte sich zwei Mal in seinem Leben durch Renner übergangen. Er hatte sowohl in der Ersten als

---

* Alois Delug starb am 17. September 1930.

Die Straße, die in den Himmel führt

auch in der Zweiten Republik damit gerechnet, als Staatsoberhaupt nominiert zu werden – doch wurde ihm Renner in beiden Fällen vorgezogen. Karl Seitz starb im Alter von achtzig Jahren am 3. Februar 1950 in seiner Wohnung in der Himmelstraße. Vier Wochen nach Renner.

Auch zwei weltberühmte Künstler lebten in demselben vierstöckigen Wohnhaus Himmelstraße 41–43 mit seiner großstädtischen Jugendstilfassade: der Dirigent Karl Böhm und der Schauspieler und Gründer der Hilfsorganisation *Menschen für Menschen* Karlheinz Böhm. Interessant: Während für den Vater auf der Hausfassade eine Marmortafel montiert ist, fand sich für den weltweit schon ob seiner *Sissi*-Filme nicht minder berühmten Sohn kein Platz für ein Erinnerungsschild.

Vater und Sohn: Karl und Karlheinz Böhm wohnten im Doppelhaus Himmelstraße 41–43.

Die kleine österreichische Welt

Eine der hundert wichtigsten Persönlichkeiten des 20. Jahrhunderts: der Mathematiker Kurt Gödel

Sehr wohl aber für Kurt Gödel, einen der bedeutendsten Mathematiker aller Zeiten, der in den Jahren 1937 bis 1939 in der Himmelstraße 41–43 zu Hause war. Gödel wurde vom *Time*-Magazin unter die hundert wichtigsten Personen des 20. Jahrhunderts gereiht, er lehrte an der Princeton-Universität, galt als größter Logiker seit Aristoteles und hat durch seine Erkenntnisse die Entwicklung des Computers entscheidend mitgeprägt. Von Einstein geschätzt und mit ihm befreundet, lieferte Gödel auch wesentliche Beiträge zur Relativitätstheorie.

Bei all seiner Bedeutung und Genialität war Kurt Gödel psychisch schwer krank, litt unter Depressionsschüben, gepaart mit starker Hypochondrie und einem extremen Verfolgungswahn. So lebte er in der ständigen Angst, vergiftet zu werden und konnte jegliche Art von Speisen und Getränken erst dann zu sich nehmen, wenn seine Frau sie in seiner Anwesenheit vorgekostet hatte. Daran ist das Genie aus der Wiener Himmelstraße schließlich auch zugrunde gegangen: Als Adele Gödel krank wurde, ins Spital musste und für ihn als »Vorkosterin« ausfiel, erschien dem Wissenschaftler jede

Die Straße, die in den Himmel führt

weitere Nahrungsaufnahme unmöglich. Kurt Gödel ist regelrecht verhungert, er starb am 14. Jänner 1978 im Alter von 71 Jahren in Princeton mit einem Körpergewicht von 36 Kilogramm.

Neben Musikern, Schauspielern, Politikern, einem Dirigenten, einem Schriftsteller und einem Mathematiker waren beziehungsweise sind in der Himmelstraße auch richtungweisende Architekten zu Hause. Die neugotische Ziegelbauvilla auf Nummer 45 wurde 1863 von Heinrich von Ferstel, einem der bedeutendsten Architekten der Ringstraßenzeit, errichtet. Wien verdankt ihm die Votivkirche, das Hauptgebäude der Universität, das Bank- und Börsengebäude an der Freyung (heute Palais Ferstel und Café Central), das Museum für angewandte Kunst – und eben die Villa in der Himmelstraße.

Hier lebte Ferstel in den Sommermonaten mit Ehefrau und sechs Kindern, weil er »die gute Luft« des damals noch nicht zu Wien gehörenden Dorfes Grinzing atmen wollte. Ferstel, der mit 26 Jahren durch den Entwurf der Votivkirche schlagartig berühmt wurde, hat die Neugestaltung der Residenzstadt wie kaum ein anderer mitgeprägt. Er starb, nur 55 Jahre alt, in seiner Grinzinger Villa an Tuberkulose und wurde am Grinzinger Friedhof beigesetzt.

Ferstel begründete eine Architektendynastie, sein Sohn Max von Ferstel vollendete mehrere Bauten seines Vaters, und auch heute wird die Villa in der Himmelstraße vom Architekten Markus Spiegelfeld, einem direkten Nachfahren Ferstels, bewohnt. Spiegelfeld baute unter anderem das Wiener Museumsquartier, den Erste-Campus und das Horten-Museum neben der Staatsoper. »Das Besondere an der Himmelstraße« ist für Spiegelfeld »die einzigartige Lage zwischen Grinzinger Ortskern, Heurigengegend und Wienerwald«.

Die kleine österreichische Welt

Heinrich von Ferstel baute für sich und seine Familie die neugotische Villa in der Himmelstraße 45.

Nur ein paar Schritte entfernt, auf Nummer 47, lebte ein weiterer prominenter Architekt: Gustav Peichl, der auch als Karikaturist *Ironimus* Berühmtheit erlangte, baute 1962 auf einer langen, sehr schmalen Hangparzelle eine rechtwinkelig angelegte, zeitlos moderne, strahlend weiße Villa. »Ich war ein junger Architekt und habe keinen Auftrag bekommen, ein Haus zu bauen«, erzählte Gustav Peichl, »da hab ich mir gedacht, baust dir halt selber eines.«

Die Straße, die in den Himmel führt

So entstand die von der Straße kaum sichtbare Villa, in der Peichl mit Ehefrau Elfi und seinen Kindern Sebastian, Markus und Ina gelebt hat. Das Haus, das den Architekturkritiker Friedrich Achleitner an die Arbeiten von Le Corbusier erinnerte, bietet nach Süden hin einen Blick durch großflächige Glasfenster, hin zu den benachbarten Weingärten. Peichl schreibt in seinem Buch *Der Doppelgänger*: »Nach Baubeginn haben alle in Wien gesagt: ›Jetzt spinnt er komplett, der Peichl. Ein fünf Meter breites Haus baut er.‹ Als es fertig war und wir es ein klein wenig erweitert haben, wurde es ein Klassiker. Das ist es auch heute noch.« Gustav Peichl hat 57 Jahre in dem Haus in der Himmelstraße gelebt, ehe er dort am 17. November 2019 im Alter von 91 Jahren verstarb.

Auf Nummer 55 wohnte der Journalist Ernst Benedikt. Sein Vater Moriz Benedikt war als Herausgeber und Chefredakteur der *Neuen Freien Presse* einer der mächtigsten Männer der Donaumonarchie (und wurde in der *Fackel* von Karl Kraus wie kein anderer Journalist attackiert). Nach dem Tod des Vaters übernahm Ernst im Jahr 1920 die Leitung der damals führenden österreichischen Tageszeitung. In der Zeit der Wirtschaftskrise musste Benedikt jedoch seine Anteile an dem Medienunternehmen verkaufen. Hitler stellte das Erscheinen des »Judenblatts«, das schon während seiner Wiener Jahre ein Hassobjekt für ihn war, nach dem »Anschluss« ein. Ernst Benedikt gelang nach einem halben Jahr in Gestapo-Haft die Flucht nach Schweden. Sein Haus in der Himmelstraße, seine Kunstsammlung und seine sechstausend Bücher umfassende Bibliothek wurden enteignet und von den Nationalsozialisten zwangsveräußert. Ernst Benedikt kehrte 1962 nach Wien zurück, wo er elf Jahre später starb.

Die kleine österreichische Welt

»Da hab ich mir gedacht, baust dir halt selber ein Haus«: Architekt und Karikaturist Gustav Ironimus Peichl und seine zeitlos moderne Villa in der Himmelstraße

Das ursprüngliche Haus Himmelstraße 69 gibt es nicht mehr, es ist einem wesentlich größeren Neubau gewichen. Umso berühmter war sein Bewohner, der Komponist Robert Stolz, der hier von 1964 bis zu seinem Tod mit seiner fünften und letzten Ehefrau Einzi lebte. »Robert Stolz und meine Mutter hatten in Wien zwei Wohnsitze, eine große Stadtwohnung in der Elisabethstraße (am heutigen Robert-Stolz-Platz, Anm.) und das eher bescheidene Holzhaus in der Himmelstraße«, erzählt Clarissa Henry, die Tochter von Einzi Stolz. »Die beiden sind ständig zwischen den zwei Adressen hin- und hergependelt, denn während Einzi das Gesellschaftsleben in der Stadt liebte, war Robert viel lieber in Grinzing, weil er die Natur

Die Straße, die in den Himmel führt

als Inspiration für seine Arbeit gebraucht hat. Am liebsten saß er in seinem großen Korbsessel unter dem Kirschbaum. Komponiert hat er bis zum Schluss.«

Zu dem großen Grundstück, das Robert und Einzi Stolz in der Himmelstraße besaßen, gehörte ein Weingarten, der durch einen Winzer bewirtschaftet wurde. Die *Einzi-Perle* war damals berühmt und ein beliebtes Geschenk, das das Ehepaar, wenn es bei Freunden eingeladen war, gerne mitbrachte.

Unter den vielen Wienerliedern, die Robert Stolz geschrieben hat, findet sich eines, das – getextet von Robert Gilbert – von seiner Wohngegend handelt. Stolz hatte es bereits 1937 komponiert, also fast dreißig Jahre bevor er hier tatsächlich »einheimisch« wurde: *Ich bin in Grinzing einheimisch, dort fühl ich mich beim Wein heimisch.*

Welch ein Zufall, dass mit Robert Stolz – wenn auch Jahrzehnte nach Ralph Benatzky – in der Himmelstraße der zweite Komponist lebte, der mit seinen Melodien wesentlich zum Erfolg des *Weißen Rössls* beigetragen hat, unter anderem durch *Mein Liebeslied muss ein Walzer sein* und *Die ganze Welt ist himmelblau.*

Aber auch der von Weinreben und Heurigenlokalen umgebenen Himmelstraße selbst ist ein Wienerlied gewidmet:

In Grinzing gibt's a Himmelstraßen,
Das kann kein Zufall sein.
Der Herrgott hat dort wachsen lassen,
An himmlisch guaten Wein.
Steigst du schön langsam dort bergauf,
Geht a klans Engerl neben dir.
Und kommt a Stangen mit an Kranzerl drauf,
Sagt's: »Da ist die Himmelstür.«

Die kleine österreichische Welt

Klar, dass ein Wienerlied, in dem der Himmel vorkommt, vom Tod handelt, schließlich ist die »schöne Leich« eine wienerische Erfindung. *In Grinzing gibt's a Himmelstraßen* stammt übrigens nicht von einem ihrer Bewohner – Edmund Eysler, Robert Stolz oder Ralph Benatzky –, sondern von dem ebenfalls renommierten Komponisten Karl Föderl, dessen berühmtestes Lied *Die Reblaus* ist.

»Robert Stolz hatte ein Ritual«, erinnert sich Clarissa Henry. »Immer, wenn er und meine Mutter in das geliebte Haus in der Himmelstraße kamen, setzte er sich ans Klavier und spielte ein nur für diesen Zweck komponiertes Lied, in dem die Worte ›Guten Tag‹ vorkamen. So hat er das Haus begrüßt. Und wenn er es verließ, spielte er dieselbe Melodie und sang dazu ›Auf Wiedersehen‹.«

Im Frühjahr 1975 sang er es zum letzten Mal. Denn da verließ er Wien und sein Haus in der Himmelstraße, um mit seiner Frau nach Berlin zu fahren, wo er Schallplattenaufnahmen dirigieren sollte. Doch er starb dort am 27. Juni im Alter von 94 Jahren.

Dagmar Koller spazierte als junge Musicalsängerin des Theaters an der Wien gerne über die Himmelstraße, weil sie auf der großen Bellevuewiese die Ruhe fand, um Rollen zu lernen. »Immer wenn ich dort war, hatte ich den Traum, hier eine Wohnung zu besitzen«, erzählt sie. »Als eines Tages ein neues Mehrfamilienhaus gebaut wurde, wandte ich mich an den Baumeister und erhielt nach einiger Zeit die Zusage, dass noch eine kleine ebenerdige Wohnung zu haben sei. Ich hatte gerade mein erstes bisschen Geld gespart und kaufte sie. Das war 1974, kurz danach lernte ich Helmut Zilk kennen, wir verbrachten dort die Sommer und die Wochenenden und hatten eine wunderbare Zeit. Es war unser kleines Liebesnest, an das ich

Die Straße, die in den Himmel führt

»Guten Tag« und »Auf Wiedersehen«: Robert und Einzi Stolz vor ihrem Wohnsitz in der Himmelstraße 69. Das Haus gibt es heute nicht mehr.

Die kleine österreichische Welt

mich mit großer Freude erinnere. So ist in der Himmelstraße mein Traum in Erfüllung gegangen.«

Apropos Traum. Ganz oben in der Himmelstraße, auf Nummer 115, fast schon am Cobenzl, befand sich das längst abgetragene Schloss Bellevue, in dem Sigmund Freud mit Frau und Kindern Urlaub machte. Er liebte das Hotel, weil es den schönsten Blick auf die Haupt- und Residenzstadt gewährte. Und so kam die Familie auch im Juli 1895 ins Bellevue, um den heißen Nächten in der Großstadt zu entfliehen. Das spätbiedermeierliche Schloss sollte durch diesen Aufenthalt zu einer historischen Stätte werden, denn hier kam Freud, als er von einer Patientin träumte (Irmas Injektion, Anm.), zu der Erkenntnis, dass Träume reale Wunschvorstellungen erkennen lassen. Es war eine Revolution für die Traumdeutung.

Fünf Jahre danach verbrachten die Freuds den Sommer wieder im Hotel Bellevue. Und da schrieb der »Vater der Psychoanalyse« in einem Brief an seinen Freund Wilhelm Fließ: »Glaubst Du eigentlich, dass an dem Hause dereinst auf einer Marmortafel zu lesen sein wird: ›Hier enthüllte sich am 24. Juli 1895 dem Dr. Sigm. Freud das Geheimnis des Traumes.‹?«

Als er in der Himmelstraße von einer Patientin träumte, enthüllte sich Sigmund Freud das Geheimnis des Traums.

Genau diese Marmortafel gibt es heute. Sie wurde am 6. Mai 1977 von der Wiener Sigmund-Freud-Gesellschaft in Anwesenheit seiner Tochter Anna Freud dort aufgestellt, wo sich einst das Schloss Bellevue befunden hatte. Auf der Marmortafel ist wortwörtlich der von Freud formulierte Satz eingraviert. Ein Wunsch-Traum Sigmund Freuds ist in Erfüllung gegangen. Damit wurde in der Himmelstraße ein Stück tiefenpsychologischer Geschichte geschrieben.

So kam es, dass die Himmelstraße ein einziger Traum ist.

»Gemma, gemma, Vaterl!«
Geschichten von der Wiener Polizei

Dass unsere Straßen beleuchtet sind, verdanken wir ursprünglich Raubmördern, Dieben und anderen lichtscheuen Elementen, die nachts durch Wien zogen und arglose Passanten überfielen. Als die Behörden erkannten, dass beleuchtete Gehwege die Kriminalität vermindern, stellte man in der Dorotheergasse probeweise siebzehn ölbetriebene Kandelaber auf. Da die Überfälle tatsächlich zurückgingen, wurden ab 1688 innerhalb der Stadtmauern rund zweitausend solcher Leuchten platziert. Keiner hätte es gewagt, eine davon zu stehlen oder zu beschädigen, war doch mittels kaiserlichem Erlass die Drohung ergangen: »Wer die auf vielen Orten aufgerichteten Laternen in boshafter Weise destruieret, sei er auch wer er wolle, dem werde die rechte Hand abgehackt.« Ab 1841 wurden auch die Hauptstraßen der Vorstädte mit Gasbeleuchtung versorgt.

Die kleine österreichische Welt

Schon zur Mitte des 14. Jahrhunderts wurde in Wien eine »Bürgerwehr«, später »Polizey« genannt, gegründet. Sie setzte sich aus einer Anzahl von Handwerksmeistern und -gesellen zusammen und war dem Stadtrichter bei der Festnahme »strafmäßiger Verbrecher« behilflich. Bald gab es eine hauptberuflich amtierende Tag- und Nachtwache, und unter Maria Theresia erhielt jedes Stadtviertel einen Kommissar, dem »Gassenkommissare« und »Hausnachseher« unterstellt waren.

Kaiser Joseph II. fand eine neue Form, Kriminelle in das Arbeitsleben zu integrieren. Auf dem Weg in das von ihm bewohnte Augartenpalais war ihm aufgefallen, dass die Jägerzeile* an ihrem Ende in ein schmutziges Rinnsal, den Fugbach, überging. Der Kaiser befahl dessen Sanierung: »Da der Fugbach stinkt und für die in der Jägerzeile Wohnenden höchst ungesund sein muss, ist er ehestens zuzuschütten. Dazu sollen die im Zuchthaus müßig einsitzenden stärksten Männer mit Nutzen verwendet werden.«

In der Zeit des Vormärz war der wegen seiner brutalen Maßnahmen zur Aufrechterhaltung von Recht und Ordnung gefürchtete Graf Josef Sedlnitzky Polizeipräsident von Wien, dessen Name bis heute ein Synonym für Unterdrückung ist. Jede Art der Auflehnung, ja der Diskussion konnte lebensgefährlich sein, und es gab nur einen, der den Mut hatte, den mitleidlosen Mann ins Lächerliche zu ziehen: den Wiener Dichter Ignaz Castelli, der seine Hunde Sedl und Nitzky nannte. Wann immer er einem Polizeiorgan begegnete, rief er ihnen laut und deutlich und in dieser Reihenfolge zu: »Sedl! Nitzky!«

---

* Die heutige Praterstraße

»Gemma, gemma, Vaterl!«

Als Folge der Revolution des Jahres 1848 musste der gefürchtete Polizeipräsident zurücktreten, was von der Bevölkerung Wiens mit großer Erleichterung aufgenommen wurde. Nach Auflösung der von Sedlnitzky gegründeten Militärpolizei war eine Zeit lang die Städtische Wache für die Sicherheit der Bevölkerung verantwortlich, es dauerte aber nicht lange, bis Kaiser Franz Joseph wieder eine »Militärpolizeiwache« ins Leben rief.

Zwar wurde die Verkehrsabteilung der Polizeidirektion Wien erst 1873 gegründet, aber die Ahndung widerrechtlich geparkter Kutschen durch die »Rumorwache« war schon Mitte des 18. Jahrhunderts möglich, ebenso wie die Bestrafung zu schnell fahrender Fuhrwerke. Das Schnellfahren nahm zeitweise derart überhand, dass die Kutscher sogar mit Inhaftierung bedroht wurden.

Ab 1858 war der »kleine Trab« als Höchstgeschwindigkeit erlaubt, während man auf Marktplätzen überhaupt nur »im Schritt« fahren durfte. Als die ersten Fälle von Fahrerflucht auftraten, wurde die Nummerierung der pferdebespannten Karossen eingeführt. Den ersten Autofahrern war es dann verboten, »die Geschwindigkeit eines im Trab befindlichen Pferdes zu überschreiten«.

Apropos Auto. Die Zukunft der Motorisierung wurde krass unterschätzt, wie uns der Schriftsteller Roda Roda hinterließ, der an der neu erbauten, fast leeren Ringstraße Zeuge eines Gesprächs zweier älterer Wiener wurde.

Sagt der eine: »Da schau her, ein Automobil.«

Darauf der andere: »Wird a wieder abkommen.«

Nach dem Zusammenbruch der Monarchie übernahm die Republik die bisherige k. k. Polizeiorganisation und baute sie zu einem weltweit anerkannten Exekutivapparat auf – mehrere Beamte wurden sogar nach Chicago geholt, wo sie die Ausbildung amerikanischer Nachwuchskräfte unterstützten. Wiens Polizisten erhielten nun den Spitznamen »Mistelbacher« – nicht, weil so viele von ihnen aus der niederösterreichischen Bezirkshauptstadt stammten, sondern weil die Wiener Polizeidirektion in Mistelbach ein Erholungsheim für ihre Beamten errichtet hatte. 1923 gründete Polizeipräsident Schober die Interpol mit Sitz in Wien, der bald 34 Länder beitraten. Vier Jahre später zeichnete derselbe Johann Schober nach dem Brand des Justizpalastes für die blutige Niederschlagung der Julirevolte 1927 verantwortlich.

Verkehrsregelung Ecke Parkring/Wollzeile mit damals üblichem »Ampelturm«, 1930

»Gemma, gemma, Vaterl!«

Vier Jahre lang standen Polizei und Gendarmerie unter der Kontrolle des faschistischen »Ständestaates«, nach dem »Anschluss« ging die Exekutive dann in die Befehlsgewalt des Deutschen Reichs über. Zu den Aufgaben der Sicherheitsorgane gehörte jetzt das Aufspüren von »Volksschädlingen«, die schon wegen geringfügigster Delikte wie »Schwarzhören« oder »Erzählen regimekritischer Witze« an Sondergerichte übergeben und von diesen sogar zum Tode verurteilt werden konnten. Bei Kriegsausbruch gewann die zur »Stärkung der Wehrkraft« eingesetzte Schutzpolizei, die wie alle Polizeiorgane von der Gestapo überwacht wurde, zunehmend an Bedeutung.

Nach 1945 musste der von den Nationalsozialisten zerschlagene Polizei- und Gendarmerieapparat neu aufgebaut werden. In dieser Zeit bitterer Armut stieg die Kriminalität rasant an, Raubmord und Plünderungen standen ebenso auf der Tagesordnung wie der als Folge der geringen Lebensmittelrationen blühende Schleichhandel. Ausgerechnet in dieser Situation gab es keine schlagkräftige Polizeitruppe zum Schutz der Bevölkerung, da viele Beamte im Krieg gefallen, in Konzentrationslagern ums Leben gekommen waren oder als ehemalige NSDAP-Mitglieder Berufsverbot hatten. Die Personalnot war so groß, dass praktisch jeder, der sich um eine Stelle bewarb, ohne nähere Überprüfung aufgenommen wurde. Einer der damaligen Polizisten soll sogar ein Kassenschränker gewesen sein.

Der »Wagenpark« der Wiener Polizei bestand aus einem einzigen Pkw und einem alten Steyr-Lastauto, die beide nur bedingt einsatzfähig waren. Besondere Verdienste beim Aufbau der neuen Truppe erwarb sich Polizeipräsident Josef Holaubek, auch weil es ihm gelang, die Polizei vor allzu großem Einfluss durch die Besatzungsmächte zu schützen. Er war es auch, der die Werbesprüche »Bist du jung, gesund und frei, komm zur Wiener Polizei« und »Die Polizei, dein Freund und Helfer« kreierte.

»Warum so eilig, liebe Dame?«: Josef Lukits, der Star unter den Wiener Verkehrspolizisten

In den 1950er- und 1960er-Jahren hatte die Verkehrspolizei einen richtigen Star: Polizeioberwachmann Josef Lukits, wegen seiner virtuosen Art, den Verkehr zu regeln, der »Toscanini von Wien« genannt, war Wiens populärster Polizist. Er fuchtelte – ausschließlich an Ringstraßenkreuzungen eingesetzt – von früh bis spät unermüdlich mit seinen Händen herum und rief den Ver-

»Gemma, gemma, Vaterl!«

kehrsteilnehmern »Warum so eilig, liebe Dame?« oder »Gemma, gemma, Vaterl!« zu. Zeitungen widmeten ihm seitenlange Berichte, Autofahrer und Fußgänger liebten Josef Lukits ob seiner bühnenreifen Darbietungen und bedachten ihn zuweilen mit Applaus und Geschenken. Sowohl Republik als auch Stadt Wien ehrten Lukits wegen seiner »unermüdlichen Einsatzfreudigkeit« mit Verdienstzeichen.

Mit der Erneuerung des gesamten Fuhrparks der Wiener Polizei wurden neben den »Funkstreife«-Wagen auch Motorradstaffeln angeschafft, die als »Weiße Mäuse« bekannt wurden. Auch eine solche »Weiße Maus« brachte es im Nachkriegs-Wien zu einiger Prominenz: Der 28-jährige Streifenpolizist Karl Schmalvogel lernte im Frühjahr 1955 die weltberühmte 43-jährige Operndiva Ljuba Welitsch an einer roten Ampel am Getreidemarkt kennen. Sie verliebten sich ineinander und heirateten. Doch die Ehe hielt nicht, 1968 kam es zur Scheidung. Herr Schmalvogel übersiedelte aus der gemeinsamen Döblinger Villa in eine Zimmer-Küche-Kabinett-Wohnung in Favoriten, Ljuba Welitsch zog sich aus dem Opernleben zurück.

Mit anderen Worten: Die Romanze des ungleichen Paares fand kein Happy End. Ljuba Welitsch starb im September 1996 mit 83 Jahren, Karl Schmalvogel im Mai 2000. Er wurde 72 Jahre alt.

Wie hat Karl Kraus das Thema Verkehrssicherheit so schön definiert? »Die Sicherheit in Wien ist schon deshalb Garantie: Der Kutscher überfährt den Passanten nicht, weil er ihn persönlich kennt!«

Einer der reichsten Österreicher seiner Zeit

Der Bierbrauer Anton Dreher

Anton Dreher jun. war Bierbrauer in dritter Generation. Sein Großvater Franz Dreher hatte es vom kleinen Bierkellner zum Besitzer der Brauerei Schwechat gebracht. Mit 69 Jahren kinderlos verwitwet, sollte Franz die 49-jährige Klara Widter ehelichen, doch konnte er von ihr nicht annehmen, dass sie einen Erben für die Brauerei in die Welt setzen würde. Also heiratete er im Jahr 1803 Klaras achtzehnjährige Tochter Katharina. Diese schenkte dem um fünfzig Jahre älteren Bierbrauer tatsächlich vier Kinder, eines war Anton Dreher sen., der die Brauerei durch die Erfindung des heute noch weltberühmten Lagerbiers revolutionierte.

Anton Dreher sen. baute die von seinem Vater errichteten Anlagen in Schwechat zur größten Brauerei des europäischen Kontinents aus, doch er starb 1863 mit nur 53 Jahren. Da sein Sohn Anton jun. damals erst vierzehn war, wurde der Rechtsanwalt und spätere Wiener Bürgermeister Cajetan Felder als sein Vormund bestellt.

Mit Erreichen der Großjährigkeit an seinem 21. Geburtstag übernahm Dreher der Jüngere die Leitung der mittlerweile auch in Ungarn, Böhmen, Triest, Ägypten und im Osmanischen Reich niedergelassenen Brauereien. Er baute das Unternehmen mit großem Geschick noch weiter aus, transportierte als erster Brauer das Bier mit Eisenbahn-Kühlwaggons und Kühlcontainern für Schiffe bis nach Amerika, Japan, China und Australien.

»Anton Dreher jun. kaufte in Schwechat alle erhältlichen Ausbauflächen für seinen Betrieb, weil er die Stadt heimlich be-

Einer der reichsten Österreicher seiner Zeit

herrschte«, schreibt sein Biograf Alfred Paleczny. »In Wien hätte ihm sein politischer Intimfeind Karl Lueger wegen der Umweltunverträglichkeit des Braubetriebs viele Steine in den Weg gelegt. In Schwechat hingegen wurden sogar Hauptstraßen umgeleitet, wenn sie Drehers Erweiterungsplänen im Wege standen. Kein Schwechater Bürger hätte sich getraut, je ein Wort gegen Dreher auszusprechen.«

Frei nach dem Habsburger-Prinzip »Du, glücklicher Bierbrauer, heirate« trat Dreher jun. im Jahr 1870 mit der aus einer Simmeringer Brauereidynastie stammenden Katharina Meichl vor den Traualtar. Damit nicht genug, heirateten zwei weitere Familienmitglieder ebenfalls in Brauereidynastien ein, womit der künftige Bund zwischen Schwechat und Simmering dreifach besiegelt war.

Im Jahr 1913, noch unter Miteinbeziehung des bisherigen Konkurrenten Mautner Markhof, wurden die Betriebe fusioniert und trugen von da an den etwas sperrigen Firmennamen *Vereinigte Brauereien Schwechat, St. Marx, Simmering, Hütteldorf – Dreher, Mautner, Meichl AG*, wobei die Familie Dreher der bei Weitem größte Aktionär war. Mit einer Produktion von bis zu 1,25 Millionen Hektoliter pro Jahr leitete Anton Dreher den größten vereinigten Brauereikonzern der Welt.

Neben der Bierproduktion kaufte Dreher Grundstücke und Immobilien und gründete Bierrestaurants in fast allen europäischen Großstädten. In Wien hatte er Bierlokale in seinem Palais am Opernring 4, im Prater und auf der Landstraße. In Schönbrunn besaß er *Weigls Dreher Park*, einen Gastgarten samt Bierhalle für zwanzigtausend Besucher, in denen Theater-, Ball-, Varieté-, Zirkus- und Musikaufführungen stattfanden. Im Jahr 1890 wurde hier zum ersten Mal der *Donauwalzer* mit dem heute noch gültigen Text »Donau so blau« gesungen. In all seinen Lokalitäten floss das Bier in rauen Mengen – natürlich nur das aus der eigenen Produktion.

Anton Dreher jun. war eine der populärsten Persönlichkeiten Österreichs und galt als großes Original. Man sah ihn oft im offenen Fiaker von Schwechat nach Wien fahren, wo er sich an der Sirk-Ecke gegenüber der Hofoper mit seinen besten Freunden, dem Klavierfabrikanten Ludwig Bösendorfer und dem Grafen Hans Wilczek, traf. Dreher war stets mit Mascherl, »Stößer« (Fiakerhut), enger Pepitahose und schmalen Lackschuhen bekleidet und hatte meist eine Zigarre im Mund. Er war als einer der bedeutendsten Industriellen seiner Zeit ebenso bekannt wie als Rennstallbesitzer und genoss als einziger Bürgerlicher das Privileg, Mitglied des aristokratischen *Jockey Clubs* sein zu dürfen.

Als Hauptaktionär des größten Brauereikonzerns der Welt von Kaiser Franz Joseph in das Herrenhaus berufen, hätte Dreher Anspruch auf die Erhebung in den Adelsstand gehabt, doch er wollte »lieber der erste Bürgerliche als der letzte Adelige« sein. Kein Wunder, dass Franz Joseph ihn mit höchsten Ehren versehen wollte: Dreher beschäftigte zehntausend Mitarbeiter und war im Jahr 1910 mit einem Einkommen von 2,6 Millionen Kronen der größte Steuerzahler der Monarchie. Sein Vermögen wurde inklusive seiner Palais, Wohnhäuser, Grundstücke, Kunstsammlungen, Bierhallen und seines Rennstalls auf 800 Millionen Kronen* geschätzt, womit er laut *Wiener Journal* nach dem Baron Rothschild, dem Erzherzog Friedrich und dem Fürsten Liechtenstein der viertreichste Österrei-

---

* Die Summe entspricht laut Statistik Austria im Jahr 2022 einem Betrag von rund 2,6 Milliarden Euro.

cher war. Bei einer Audienz in der Hofburg soll der Kaiser zu ihm gesagt haben: »Ich hoffe auf ein weiteres Florieren Ihrer Brauerei und auf die doppelte Steuerleistung im nächsten Jahr!«

»Lieber der erste Bürgerliche als der letzte Adelige«: Bierbrauer Anton Dreher jun.

Anton Dreher jun. war zwar ein großzügiger Mäzen, der auch soziale Projekte unterstützte, aber gleichzeitig ein beinharter Unternehmer, der seine Arbeiter in schlecht bezahlten Tages- und Nachtschichten ausbeutete, in seinen Betrieben weder Gewerkschaften noch Kollektivverträge zuließ und Mitarbeiter auf die Straße setzte, die Betriebsräte gründen wollten.

Zuletzt musste Dreher den Niedergang seines Konzerns miterleben. Im Ersten Weltkrieg wurde die Bierproduktion stark reduziert, nicht nur weil viele Brauereiarbeiter an die Front mussten, sondern auch aufgrund fehlender Rohstoffe wie Malz und Gerste. Außerdem wurde der Bierausschank in den Wirtshäusern durch kaiserliche Verordnung eingeschränkt.

Die kleine österreichische Welt

Und nach dem Krieg verlor der Konzern den Großteil jener Absatzgebiete, die jetzt nicht mehr zur Monarchie gehörten. Dementsprechend sanken Umsatz und Gewinn, andere Brauereien mussten überhaupt zusperren.

Auch familiäre Schicksalsschläge blieben Anton Dreher nicht erspart. Sein jüngster Sohn Theodor kam als leidenschaftlicher Rennfahrer im April 1914 bei einem Autounfall mit überhöhter Geschwindigkeit in der Nähe von Klagenfurt ums Leben. Wenige Wochen später kam Theodors Sohn Oskar zur Welt, der nur zwölf Jahre alt wurde, ehe er einer Gehirnhautentzündung erlag. Ein weiterer Enkel verlor 1917 an der galizischen Front sein Leben.

Nun sollte Drehers Sohn Anton III. den Betrieb übernehmen, doch auch sein Leben endete in jungen Jahren. Blieb nur noch Sohn Eugen Dreher als Alleinerbe und Alleinverantwortlicher. Doch der leitete die Niederlassung in Budapest und hatte keine Lust, nach Wien zu gehen. Eugen verkaufte seinen Aktienbesitz an ein Bankenkonsortium unter der Führung der Creditanstalt, womit das Dreher-Bier Geschichte war.

Geblieben sind die Brauereien in Budapest und Triest, die heute noch *Dreher-Bier* beziehungsweise *Birra Dreher* erzeugen. Die Aktienmehrheit der Vereinigten Brauereien AG in Schwechat ging 1935 an die Familie Mautner Markhof über und gehört heute zur Brau Union, die im Besitz des niederländischen Bierkonzerns Heineken ist.

Der chinesische Minister aus Wöllersdorf

Die seltsame Karriere des Jakob Rosenfeld

Wie wird man als Arzt, der aus Wöllersdorf bei Wiener Neustadt kommt, Minister und General in China? Das kam so: Der 1903 in Lemberg geborene Arzt Jakob Rosenfeld verbrachte seine Kindheit, da sein Vater dort als Militärbeamter eingesetzt war, in Wöllersdorf. Nach dem Medizinstudium und einer Anstellung als Assistenzarzt am Rothschild-Spital, eröffnete Rosenfeld gemeinsam mit seiner Schwester in der Wiener Riemergasse eine Arztpraxis für Gynäkologie und Urologie, ehe er 1938 wegen seiner jüdischen Herkunft von den Nationalsozialisten verhaftet und in die Konzentrationslager Dachau und Buchenwald deportiert wurde.

Als Rosenfeld wie durch ein Wunder nach einem Jahr wieder freikam, flüchtete er nach Shanghai, wo er von Maos Truppen angeheuert wurde, zumal die Chinesen im Krieg gegen die japanischen Invasoren unter akutem Ärztemangel litten. Obwohl gesundheitlich stark angeschlagen, schonte sich Rosenfeld nicht und half selbst im Kugelhagel unter Einsatz seines Lebens, das chinesische Sanitätswesen aufzubauen.

Das war dringend nötig, wie den Tagebüchern Rosenfelds, der in Österreich Sozialdemokrat war und in China der Kommunistischen Partei beitrat, zu entnehmen ist: »Es gab keine Spitäler in unserem Sinn«, schreibt er, »die Verwundeten und Kranken lagen auf Stroh, auf der Erde, gewöhnlich zehn in einem Bauernhaus. Es fehlte an Allem, an Medizin, Instrumenten und an Spezialisten ... Krankenpfleger und Ärzte leisteten Übermenschliches ... Für den

Die kleine österreichische Welt

Verbandwechsel benützte man Pinzetten aus Bambus oder einfach Essstäbchen.«

Rosenfeld war bei Kollegen, Mitarbeitern und Patienten äußerst beliebt, auch weil er einfache Soldaten nicht anders behandelte als ranghohe Offiziere. Ein Ministerialbeamter namens Zhou Xuan-cheng, dessen Frau als Krankenschwester mit Rosenfeld arbeitete, beschrieb den zugewanderten Österreicher so: »Ob am Morgen oder in der Nacht, Dr. Rosenfeld kannte keine Arbeitsruhe, er war immer in der Klinik. Die Patienten liebten ihn und hatten Vertrauen. Er trug das gleiche einfache Gewand wie wir – sogar Strohsandalen – und aß das gleiche Essen. Er war ein durch und durch gütiger Mensch.«

Zudem erwarb sich Rosenfeld, den die Chinesen Luo Shengte (Langnase, Anm.) nannten, durch zahlreiche erfolgreich durchgeführte Operationen und durch die Weiterbildung junger Ärzte einen derart guten Ruf, dass er zum Generalarzt der 1. Armee in der Mandschurei und 1947 zum Gesundheitsminister in Maos provisorischer Regierung ernannt wurde.

Im Jahr 1949, nach dem Einmarsch der Kommunisten in Peking, kehrte Rosenfeld nach Österreich zurück, reiste aber, da hier alle seine Verwandten ermordet oder ausgewandert waren, weiter nach Israel.

Sein Aufenthalt im Konzentrationslager war nicht ohne Folgen geblieben. Nazi-Schergen hatten seine linke Niere durch brutale Schläge so schwer verletzt, dass sie sich immer wieder entzündete, er hohes Fieber und Schwindelanfälle bekam. Bei seiner Spitalsaufnahme als Patient in Tel Aviv nach seinem Beruf gefragt, antwortete Rosenfeld: »Ich bin ein chinesischer General«, was von seinen Arztkollegen als wirre Aussage eines Sterbenskranken abgetan wurde.

Der chinesische Minister aus Wöllersdorf

General und Minister in China: der in Wöllersdorf bei Wiener Neustadt aufgewachsene Arzt Jakob Rosenfeld

Der Wiener China-Forscher Gerd Kaminski beschäftigt sich seit Jahrzehnten mit dem Leben des austro-chinesischen Arztes, Generals und Ministers. Er brachte dessen Tagebücher heraus und verfasste die Biografie *General Luo genannt Langnase. Das abenteuerliche Leben des Dr. med. Jakob Rosenfeld*.

Der Arzt starb 1952 im Alter von 49 Jahren in Tel Aviv. In China gilt er heute als Nationalheld, an den Denkmäler, Museen und Kliniken, die seinen Namen tragen, erinnern, und auch in der Marktgemeinde Wöllersdorf gibt es eine Dr.-Jakob-Rosenfeld-Gasse.

»Haben schon gewählt?«

Anna Demels doppelte Hochzeit

Sie steht ein bisschen im Schatten einer anderen Anna. Anna Demel ist lange nicht so populär wie Anna Sacher, die ein paar Jahre älter war, aber wesentlich früher starb. Dabei war auch die 1872 in Wien geborene Anna Demel als Prinzipalin des gleichnamigen Süßwarentempels eine Wiener Institution.

Die k. u. k. Hof-Zuckerbäckerei hieß ursprünglich »Dehne« und wurde zum »Demel«, als August Dehne, der Sohn des Gründers, 1857 die Konditorei an seinen ersten Gehilfen Christoph Demel verkaufte. Man zählte Kaiserin Elisabeth zur erlauchten Kundschaft, die sich von »Dehne« ihr geliebtes Veilchen-Sorbet in die Hofburg liefern ließ. In der Konditorei selbst trafen sich Aristokratie und betuchtes Bürgertum.

Christoph Demel waren nur wenige Jahre vergönnt, und als dessen Sprösslinge nach seinem Tod die Firma übernahmen, gaben sie ihr den heute noch protokollierten Namen Ch. Demel's Söhne.

Die Söhne waren es auch, die die Übersiedlung vom ursprünglichen Standort am Michaelerplatz in das heutige Haus am Kohlmarkt vornahmen, doch seine eigentliche Weltgeltung verdankt das Tortenparadies der nächsten Generation: Die Offizierstochter Anna Demel geb. Siding führte das Geschäft fast vierzig Jahre lang, nachdem sie gegen Ende des 19. Jahrhunderts in die Dynastie eingeheiratet hatte.

Und zwar gleich zwei Mal, denn in der Demel-Chronik gibt's auch eine pikante Lovestory: Vorerst hatte sich Anna mit Josef Demel verehelicht, dann verliebte sie sich in dessen jüngeren Bruder Karl,

»Haben schon gewählt?«

ließ sich von jenem scheiden, um diesen zu heiraten. Trotz der familieninternen Affäre, die natürlich in ganz Wien verfolgt wurde, führte Anna Demel das Geschäft von 1917 bis 1956, ehe sie im Alter von 84 Jahren – bis zum letzten Tag ihren Dienst an der Kassa versehend – starb. Obwohl es mit zwei Weltkriegen die schwersten Jahre des Demel waren, konnte Anna viel zum Ruhm der Zuckerbäckerei beitragen. Köstlichkeiten wie Cremeschnitten, Dobostorte und die nach ihr benannte Annatorte erfreuen sich heute noch großer Beliebtheit.

Zwei Mal in dieselbe Familie eingeheiratet: Tortenprinzipalin Anna Demel

Von derartigen Leckereien konnte man im Herbst 1945 nur träumen. Da damals auch der Hof-Zuckerbäckerei die Zutaten für ihre Rezepte nur gegen Lebensmittelkarten geliefert wurden, war das Angebot an Süßspeisen entsprechend dürftig. In jenen Tagen betrat die große Schauspielerin Vilma Degischer nach langer Zeit wieder die Konditorei am Wiener Kohlmarkt. Sie war durch die zerstörte Stadt geschritten, hatte die erstaunlicherweise intakt gebliebene hohe Glastüre des Süßspeisentempels geöffnet und sich an ihren alten Stammtisch gesetzt.

Die kleine österreichische Welt

»Schön, dass uns Frau Kammerschauspielerin nicht vergessen haben«, wurde sie von der jahrzehntelangen »Ober-Demelinerin« Frau Grete – in der dritten Person wie alle anderen Gäste auch – begrüßt.

Und die Degischer gustierte: »Liebe Frau Grete, bringen Sie mir bitte eine Schale Gold und einen Indianer mit Schlag – nein, bitte lieber eine Orangencremetorte, halt, doch nicht, also – eine Schale Gold, Schlagobers extra und eine Triester Torte!«

Frau Grete hatte ruhig zugehört. Dann beugte sie sich diskret vor, sah Vilma Degischer an und fragte: »Leben am Mond?«

Nach Anna Demels Tod geriet das Stadtpalais am Kohlmarkt in würdige Hände: Baron Federico Berzeviczy-Pallavicini, ein ungarischer Edelmann, hatte Annas Nichte Klara geheiratet und führte die Konditorei weiter, bis sie 1972 in weniger würdige Hände gelangte: Demel wurde an eine Schweizer Aktiengesellschaft verkauft, deren Teilhaber Udo Proksch hieß und die Geschäftsführung des Demel übernahm. Er musste sie niederlegen, als er wegen sechsfachen Mordes an der Lucona-Schiffscrew angeklagt und später verurteilt wurde.

Seit 2002 gehört die Hof-Zuckerbäckerei zum Do & Co-Konzern. Doch an der Anrede der Gäste hat sich seit den Tagen der Anna Demel nichts geändert. Die Serviererin fragt die Kundschaft immer noch wie zu Kaisers Zeiten in Anwendung der dritten Person: »Haben schon gewählt?«

Plötzlicher Tod während eines Boxkampfes
Wie der Schauspieler Robert Lindner starb

Man schrieb den 6. Juni 1967, da wurde der zwanzigjährige Hans Orsolics durch einen knappen Punktesieg über den Deutschen Konrad »Conny« Rudhof zum ersten Mal Europameister im Superleichtgewicht. Unter den Zuschauern des Boxkampfes in der Wiener Stadthalle befand sich der als großer Boxfan bekannte Schauspieler Robert Lindner.

Plötzlich, kurz vor Mitternacht, in der fünften Runde, rutschte das prominente Mitglied des Burgtheaters vom Sitz. Der sofort herbeigerufene Rettungsarzt konnte nicht mehr helfen, er stellte einen »Sekundentod«, vermutlich durch eine Aufregung während des Boxkampfes, fest.

Robert Lindner war 1910 in Wien zur Welt gekommen und schon in der Zwischenkriegszeit an diversen Bühnen aufgetreten – unter anderem im Literarischen Kabarett ABC an der Seite von Josef Meinrad und Fritz Eckhardt. Nach Stationen in der böhmischen Provinz wurde Lindner ans Wiener Volkstheater engagiert, wo er bereits erste Hauptrollen spielte.

Nach dem Krieg an der Josefstadt und in den Kammerspielen tätig, zählte er neben Susanne Almassy, Hans Holt, Vilma Degischer und Leopold Rudolf zu jenen Künstlern, die den legendären »Josefstädter Stil« prägten.

Im Jahr 1952 wurde Lindner ans Burgtheater geholt, wo er bis zu seinem frühen Tod die Rollen der Grandseigneurs, der eleganten Liebhaber und schneidigen Lebemänner spielte.

Die kleine österreichische Welt

Starb vermutlich vor Aufregung: Burgschauspieler Robert Lindner

Sein *Schwieriger* von Hugo von Hofmannsthal und sein *Anatol* von Arthur Schnitzler, den der bald zum Kammerschauspieler ernannte Star neben Paula Wessely gab, blieben allen, die ihn in diesen Rollen gesehen hatten, unvergessen. Lindner, »einer der letzten großen Herren des Burgtheaters«, wie Direktor Ernst Haeusserman ihn bezeichnete, spielte auch in mehreren Kinofilmen und in Literaturverfilmungen für das Fernsehen mit.

Zurück zu seinem tragischen Ende: Der Schauspieler brach an jenem 6. Juni 1967 während der Boxeuropameisterschaft vermutlich als Folge eines Herzinfarkts tot zusammen. Er hatte sich fünf Tage davor einer gründlichen Durchuntersuchung unterzogen und war von den Ärzten für vollkommen gesund erklärt worden.

Robert Lindner wurde nur 56 Jahre alt.

Die Rettung der Hofburg
Wie die Habsburgerresidenz vernichtet werden sollte

Die Staatsoper. Das Burgtheater. Der Stephansdom. Drei der bedeutendsten Bauwerke Wiens sind in den letzten Tagen des Zweiten Weltkrieges fast zur Gänze vernichtet worden. Nicht jedoch die Hofburg, die wie durch ein Wunder von schlimmeren Schäden verschont blieb. Durch einen mir zugespielten Zeitzeugenbericht erfahren wir jetzt erst, wie dieses Wunder geschehen konnte.

Herr Othmar Koresch informierte mich davon, dass er im Nachlass seines 1968 verstorbenen Schwiegervaters eine Niederschrift fand, die von großer historischer Bedeutung ist. Karl Hein, so hieß der Schwiegervater, war in den letzten Kriegstagen als Handwerker im Schloss Schönbrunn und in der Hofburg beschäftigt. Er und einige andere Gegner des NS-Regimes hinterließen auf sechs dicht maschingeschriebenen Seiten, was sie unternahmen, um die Hofburg zu retten.

Karl Hein schildert, wie extrem die ehemals kaiserliche Residenz in den Apriltagen 1945 gefährdet war: »Durch Artilleriebeschuss entstanden Schäden auf den Böden, wo Brände in den Holzkonstruktionen aufflackerten, welche rasch niedergeschlagen werden mussten, bevor unabsehbare Katastrophen für das Gebäude entstehen konnten ... Als Kämpfer für die Freiheit Österreichs haben einige in der Hofburg beschäftigte patriotische Wiener eine Widerstandsbewegung organisiert ... Wir waren alle von dem Willen beseelt, die Burg zu retten.«

Karl Hein und seine Kameraden gaben ihrem Bericht den Titel

Die kleine österreichische Welt

»Schirachs letzte Tage in der Hofburg«. Tatsächlich residierte Baldur von Schirach, Hitlers Gauleiter und Reichsstatthalter in Wien, in einem feudalen Appartement in der Hofburg. Kurz vor dem Untergang des »Dritten Reichs« versteckte er sich dann mit seinen engsten Mitarbeitern in den ausgedehnten Kellerräumen unterhalb der kaiserlichen Gemächer.

Schirach sah sich lange Zeit dem »Führerbefehl« verpflichtet, Wien »bis zum letzten Mann« gegen die Bombenangriffe der Amerikaner und die näher rückende übermächtige Rote Armee zu verteidigen, was den sinnlosen Tod Tausender Menschen und die Zerstörung unwiederbringlich wertvoller historischer Bau- und Kunstwerke zur Folge hatte.

Das konnte bei der Hofburg vermieden werden, die mit Ausnahme der Albertina und der Stallburg heil geblieben ist.

Während die Bevölkerung dem Bombardement der Stadt meist hilflos ausgeliefert war, ließ Schirach für sich und seine Freunde in den jahrhundertealten Kellern und unterirdischen Gängen der Hofburg »einen mit allem Komfort und Schikanen ausgestatteten Luftschutzbunker bauen«, schreibt Karl Hein, der als Elektriker bei der Installation dieser Schutzeinrichtung eingesetzt war. »Es wurde fieberhaft gearbeitet. Telefon wurde eingeleitet, Dampfheizungen wurden installiert, damit die Herren am Ende nicht durch längeren Aufenthalt eine Erkältung erleiden«. Außerdem wurden für die NS-Männer riesige Mengen feinster Lebensmittel und kistenweise Champagner eingelagert. Gleichzeitig, schreibt Hein, »froren Frauen und Kinder zu Tausenden in den unzulänglichen Kellern und Bunkern«. Seine eigene Familie hatte Schirach zu diesem Zeitpunkt bereits in seinem bayerischen Schloss Aspenstein in Sicherheit gebracht.

Die Rettung der Hofburg

Die beherzten Männer retteten durch einen Sabotageakt die Neue Burg (Nationalbibliothek).

Sobald Schirach klar war, dass die Rote Armee vor den Toren Wiens stand und die Eroberung der Stadt nicht mehr aufzuhalten war, begann er seine Flucht vorzubereiten. Doch davor wollten er und seine Entourage noch Teile der Hofburg in die Luft sprengen. Wenn sie schon nicht in der Lage waren zu siegen, wollten sie wenigstens verbrannte Erde hinterlassen und den Wienern ihre Stadt nehmen, erinnerte sich Karl Hein: »Freitag, den 6. April (1945) in den Abendstunden bezog er (Schirach, Anm.) mit seinem Stab die Bunker in der Neuen Burg. Mit ihm kam die ganze Bauleitung Wien, 150 Mann seiner Leibstandarte und einige hundert Mann SS ... Unsere Leute beobachteten, wie Nachrichtengruppen Kabel legten, wie sie überall Sprengladungen anbrachten und in großen Mengen Panzerfäuste herbeischafften.«

Die kleine österreichische Welt

Die Hofburg sollte also in die Luft gesprengt werden.

Doch der Gruppe um Karl Hein, die einer unabhängigen Widerstandsbewegung angehörte, gelang es, die geplanten Sprengungen in der Hofburg zu verhindern, indem sie sämtliche Kabel durchschnitten. Dadurch gab es im Bereich der unterirdischen Gänge keinen Strom. Und das führte dazu, dass in den weitläufigen unterirdischen Gängen jegliche Beleuchtung ausfiel und es auch keine Möglichkeit mehr gab, mit dem Führerhauptquartier in Berlin in Verbindung zu treten.

»Hierauf entstand eine große Panik unter den Naziführern. Sie wussten nicht mehr ein und aus«, und sie traten, ohne ihre Sprengladungen entzünden zu können, die Flucht an. Schirach verließ die Hofburg am 9. April 1945 und tauchte unter dem Namen Richard Falk in Tirol unter, wo er sich zwei Monate später den Amerikanern stellte. Er wurde im Nürnberger Prozess als einer der 24 Hauptkriegsverbrecher für die Deportation von 185 000 Juden wegen Verbrechen gegen die Menschlichkeit zu zwanzig Jahren Haft verurteilt.

Baldur von Schirach und seine Männer hatten die Hofburg nur Stunden vor Anrücken der Roten Armee verlassen. Als sich die Besatzer davon überzeugt hatten, »dass sich im Burggebäude kein Widerstand leistender deutscher Soldat mehr befand, traten wir mit weißer Fahne ausgerüstet aus dem Keller und haben mit Hilfe unseres Dolmetschers den ersten eintreffenden Truppen die Hofburg übergeben können«, berichtet Karl Hein. Das war am 10. April 1945 um halb sieben Uhr früh. Durch das Hissen der weißen Fahne als Zeichen der kampflosen Kapitulation vermied die Widerstandsgruppe einen Kampf, der wohl zumindest Teile der Hofburg zerstört hätte.

*»Haben den ersten eintreffenden Truppen die Hofburg übergeben können«:
Soldbuch des Unteroffiziers Karl Hein*

Doch die Gefahren waren noch nicht gebannt. Zu den Objekten, die die Männer um Karl Hein jetzt in der Hofburg schützten, zählten laut eigenen Angaben »der große Festsaal mit den wertvollen Gemälden« (heute Kongresszentrum) und der Leopoldinische Trakt (die heutige Präsidentschaftskanzlei). »Auch dort musste gelöscht werden. Diese Brände waren in den darunter liegenden Weinkellern ausgebrochen, da von dort ständig Wein geholt wurde durch betrunkene Soldaten (der Roten Armee, Anm.), welche bei dem unvorsichtigen Hantieren mit Licht wahrscheinlich entstanden.«

Baldur von Schirach hatte in diesen letzten Kriegstagen – um Wien den sicheren Todesstoß zu versetzen – den gesamten Mannschaftsstand der Wiener Berufsfeuerwehr in den Westen Österreichs verschoben, wodurch Wien ausgerechnet nach den gewaltigsten Bombardements und Brandlegungen seiner Geschichte schutzlos dastand.

Und so mussten die Brände in der ehemaligen Habsburgerresidenz durch Hein, seine Kameraden und die wenigen herbeigerufenen Feuerwächter der Hofburg eingedämmt werden.

Aber die Aktion zur Rettung der Hofburg war noch immer nicht beendet, denn »kaum waren die ersten Trupps durch die Burg hindurch und von ihnen teilweise besetzt, waren auch schon von allen Seiten zivile Plünderer hintendrein. Auch hier musste eingegriffen werden und unzählige Male mussten die vielen Türen und Tore verbarrikadiert werden.« Schließlich galt es, »die Museumsschätze an Bildern und Büchern der Nationalbibliothek, und die historischen Möbel aus den Kaisergemächern vor Vernichtung und Plünderung zu schützen.«

An der Echtheit der Schilderungen besteht für den Historiker Oliver Rathkolb kein Zweifel. »Die Mitglieder der Widerstandsgruppe um Karl Hein sind mit Namen und Adresse genannt. Die Beschreibung zeigt sehr stimmig das Verhalten Baldur von Schirachs und der SS vor ihrer Flucht auf, aber auch das der marodierenden Soldaten der Roten Armee, durch die die Gefahr bestand, dass größere Brände ausbrachen. Richtig ist auch, dass viele Wiener bei den Plünderungen kräftig zugelangt haben. Es ist spannend zu erfahren«, meint Professor Rathkolb, »wie die kleine Widerstandsgruppe darauf schaute, aufflammende Brände in den Griff zu bekommen. Das waren wichtige und nicht ungefährliche Sicherungs- und Schutzmaßnahmen. Diesen Männern ist es wohl zu danken, dass im Bereich der Hofburg nicht wesentlich mehr passiert ist.«

Die Rettung der Hofburg

Auch in den weitläufigen Weinkellern der Hofburg brachen durch unvorsichtiges Hantieren betrunkener Soldaten Brände aus.

Auch Burghauptmann Reinhold Sahl erscheint der Text der Widerstandsgruppe »durchaus authentisch, zumal die Schilderungen der historischen Ereignisse sowie die örtliche Zuordnung nachvollziehbar sind. Der Großteil der Hofburg blieb während des Zweiten Weltkrieges erhalten. Im Leopoldinischen Trakt und im Festsaaltrakt gab es kleinere Entstehungsbrände, die erfolgreich bekämpft werden konnten, wobei der Gesamtzusammenhang darauf hinweist, dass die Männer der Widerstandsbewegung im Zusammenwirken mit den Feuerwächtern der Hofburg Schlimmeres verhindern konnten.«

Die kleine österreichische Welt

Karl Hein, der darüber Buch führte, wie er mit seinen Kameraden (sieben sind namentlich genannt) größere Brände in der Hofburg verhindern konnte, wurde 1906 in Wien geboren und als Elektriker ausgebildet, ehe er 1940 von der deutschen Wehrmacht eingezogen wurde. Zuletzt im Range eines Unteroffiziers, arbeitete er in den letzten Kriegsmonaten als Elektriker in der Hofburg und war Mitglied der (natürlich verbotenen) parteiunabhängigen *Österreichischen Liga demokratischer Freiheitskämpfer*.

»Dass die Hofburg noch steht«, zieht Karl Hein in seinem Bericht Bilanz, »verdanken wir diesen beherzten Männern, die zum Teil in treuer Pflichterfüllung auch heute wieder (in den ersten Nachkriegstagen, Anm.) in der Burg arbeiten. Sie alle erklärten einstimmig, dass ihnen diese Tage unvergesslich bleiben werden und eine stete Mahnung bilden, dass sich solche Geschehnisse innerhalb Österreichs nicht mehr wiederholen dürfen.«

Karl Hein starb 1968 im Alter von 62 Jahren. Er hinterließ seine schriftlichen Erinnerungen an die letzten Tage des Zweiten Weltkrieges seiner Tochter Maria, nach deren Tod im Jahr 2009 sie ihr Mann Othmar Koresch übernahm. Er stellte mir die Unterlagen im Jahr 2022 zur erstmaligen Veröffentlichung zur Verfügung.

Karl Hein gab seinem Manuskript den Titel »Schirachs letzte Tage in der Hofburg«: die erste von sechs Seiten

Schirachs letzte Tage in der Hofburg

Viele Frauen und Mütter suchten täglich ihre Männer bezw.
Söhne, die im ehemaligen Res.Lazarett III waren. Viele von ihnen
leider vergeblich.Dieser Umstand bewog uns, die Ereignisse die sich
in den letzten Tagen vor der Befreiung Wiens durch die Rote Armee
in der Burg abspielten, zu Papier zu bringen.Als Kämpfer für die
Freiheit Österreichs haben einige in der Burg beschäftige patriotische Wiener eine Widerstandsbewegung organisiert.Unsere Hauptauf-
gabe bestand darin,das Treiben des Reichsleiters Schirach ständig
zu beobachten und die Bezirksgruppen der Österr.Widerstandsbewegung
mit welchen wir in Verbindung waren davon am Laufenden zu halten.
Diese wieder verständigten auch uns,wenn Herr Schirach in einen
ihrer Bezirke auftauchte, von seinem Tun und Handeln.

Die Zeit eilte dahin und mit ihr wurden die Bombenangriffe
auf Wien immer stärker und heftiger.Wien blutete schon aus hundert
Wunden.Doch die Parole der Gauleiter,Reichsleiter usw. besagte immer
wieder,dass der Kampf weiterzugehen habe, bis zum "Letzten Mann".
Herr Schirach allerdings wollte lieber der Vorletzte sein. Dieser
Umstand bewog ihm,eine Umleitstelle in dem Luftschutzbunker in der
Neuen Burg einzurichten.Es wurde fieberhaft gearbeitet. Telefon
wurde eingeleitet,Dampfheizungen wurden installiert,damit die Herrn
am Ende nicht durch längeren Aufenthalt eine Erkältung erleiden.
Frauen und Kinder froren zu Tausenden in den unzulänglichen Kellern
und Bunkern.Fragt sie,ob jemals jemand darangegangen wäre,eine Dampf-
heizung einzurichten.Nachdem der Bunker fertig war,erwarteten wir
täglich,dass Schirach zu uns übersiedeln würde. Doch dies geschah
nicht.Der Bunker war nämlich ursprünglich für die Öffentlichkeit
bestimmt und es ging nicht gut an,dass Schirach diesen für sich
allein in Beschlag nehmen könnte.Andererseits erschien ihm ein
Zusammensein mit der Wiener Bevölkerung während der Fliegerangriffe
nicht geheuer.Doch letzten Endes waren solche Umstände kein Problem
für den Herrn Reichsleiter.Er übersiedelte frisch und munter von
der Jubiläumswarte in die Neue Burg und liess dort für sich und
seine engstens Mitarbeiter einen mit allen Komfort und Schikanen
ausgestatteten Luftschutzbunker bauen.Sodann begann die Einlagerung
von Lebensmitteln.Uns, die wir diese Einlagerung beobachteten,

Nachrufe

Ich habe in meinem Journalistenleben mehrere Dutzend Nachrufe auf Menschen geschrieben, die zu den bedeutendsten ihres Fachs zählten. Und doch: In unserer schnelllebigen Zeit drohen selbst die Unvergessenen in Vergessenheit zu geraten, weshalb ich dieses Kapitel zum Anlass nehme, an einige von ihnen zu erinnern: an Peter Alexander, Johannes Heesters, Fritz Eckhardt, die Hörbiger-Brüder, Paula Wessely, Marcel Prawy und Hugo Portisch. Indem ich im Archiv stöberte und Auszüge meiner Nachrufe auf sie hervorholte.

Das Ende der heilen Welt
Peter Alexander, 1926–2011

Dieser Mann hat das Leben von Generationen begleitet. Wir sind mit seinen Filmen aufgewachsen, haben seine Lieder im Radio gehört, seine Shows im Fernsehen gesehen. Der Samstagabend gehörte Peter Alexander, dem größten Star des deutschen Sprachraums. Und er hat seine Fans nie enttäuscht, zeigte sein ganzes Können, ob er *Ich zähle täglich meine Sorgen*, *Delilah* oder *Die süßesten Früchte* sang. Oder wenn er Hans Moser, den

Das Ende der heilen Welt

Mundl und sämtliche Royals im Buckingham Palace parodierte. Um die ›Quote‹ musste man sich keine Sorgen machen, die lag, wenn ›Peter der Große‹ auftrat, bei 72 Prozent.«

Diese Worte erschienen am 13. Februar 2011, wenige Stunden nachdem Peter Alexander im Alter von 84 Jahren gestorben war, im *Kurier*. Natürlich schilderte ich auch seine Karriere, dass ihm das alles nicht zugeflogen, sondern harte Arbeit gewesen ist. »Zunächst einmal musste Peter Alexander Wiener sein, denn ohne seinen ›Schmäh‹, seinen Charme und die scheinbare Leichtigkeit des Auftretens wäre er nicht geworden, was er war. Entscheidend war auch seine Musikalität, die von seinem Großvater mütterlicherseits, der in Pilsen eine Musikalienhandlung besaß, gefördert wurde. Nebenbei bemerkt war er auch ein glänzender Pianist.

Und doch dauerte es eine Zeit lang, bis er sein Publikum fand. Sein Vater, ein höherer Bankbeamter, sagte noch ›Du wirst am Galgen enden‹, als er erfuhr, dass Peter Schauspieler werden wollte, aber auch Produzenten und Regisseure waren skeptisch und hielten ihn für ›zu lang und zu dünn‹, um im Film erfolgreich zu sein.

Die Erste, die an diesen Peter Alexander Neumayer, wie er eigentlich hieß, glaubte, war die Schauspielerin Hilde Haagen, die er 1952 im Büro eines Wiener Agenten kennengelernt hatte. Sie spürte, dass sie einen ganz großen Fisch an der Angel hatte, verzichtete auf ihre eigene Karriere und widmete sich fortan ausschließlich seinem Management. Ja, und geheiratet hat sie ihn dann auch noch.«

Er beschränkte sich aufs Singen und Spielen, alles andere besorgte Hilde, die seinen Berufsweg generalstabsmäßig plante. »Und das war gut so«, erklärte er, »denn sie hatte eine sichere Hand, ich verdanke ihr zu mehr als fünfzig Prozent meine Karriere.« Ihr machte es nichts, bei den Platten- und TV-Bossen wenig beliebt zu sein:

Nachrufe

»Peter ist der Große und ich bin die Böse«, sagte sie. »Wo er auftaucht, wird der rote Teppich ausgerollt, ich hingegen bin gefürchtet.« Das war sie wegen ihrer berüchtigten Gagenverhandlungen. Hilde Alexander wusste genau, was ihr Peter wert und dass er konkurrenzlos war. Die Alexanders verdienten viel, besaßen Villen in Wien, am Wörthersee und in der Schweiz.

Das perfekte Team spürte aber auch, wann die Zeit reif ist, aufzuhören: am Höhepunkt! 1995 beendete Peter Alexander von einem Tag zum anderen seine Karriere. Nicht weil seine Beliebtheit abnahm, Gott bewahre, sondern weil die Qualität der Drehbücher nachließ.

Er war nicht unglücklich über den selbst auferlegten Rückzug, da er »im Grunde ein fauler Mensch« war und »lieber angeln als ins Fernsehstudio« ging. Der Bildschirmabgang des fast Siebzigjährigen, der damals immer noch als strahlender Jüngling erschien, brachte es mit sich, dass er als »idealer Schwiegersohn« in Erinnerung bleibt. Und das, obwohl er 84 Jahre alt geworden ist.

Kaum hatte er aufgehört, uns im Fernsehen die heile Welt vorzuspielen, brach auch seine eigene heile Welt zusammen. 2003 starb Ehefrau Hilde, und sechs Jahre später kam Peter Alexanders Tochter Susanne bei einem Autounfall in Thailand ums Leben. Den frühen Tod seines Sohnes Michael im Jahr 2019 erleben zu müssen, ist Peter Alexander erspart geblieben.

Von einer Haushälterin betreut und von wenigen Freunden umgeben – allen voran der Pianist Rudolf Buchbinder –, musste er die Schicksalsschläge in großer Einsamkeit über sich ergehen lassen. Denn Peter Alexander hatte sich längst aus der Öffentlichkeit zurückgezogen, war einer der wenigen wirklich Prominenten, die man auf keiner Party, keiner Premierenfeier traf.

Das Ende der heilen Welt

Vergessen ist er dennoch nicht, zu einprägsam waren die Samstagabende mit ihm. Und so war er bis zuletzt der wohl einzige Österreicher, auf den in- und ausländische Boulevardmedien Paparazzi hetzten, die ihn bis zum Grab von Frau und Tochter verfolgten.

Mit Peter Alexander starb am 12. Februar 2011 der letzte Tycoon einer seit Langem schon verklungenen Film- und Fernsehwelt.

Einen wie ihn kann es nie wieder geben.

Zwei große Entertainer: Peter Alexander und Johannes Heesters

Nachrufe

Nie wieder ins Maxim
Johannes Heesters, 1903–2011

V on Generationen geliebt zu werden«, schrieb ich nach dem
Tod von Johannes Heesters, »das ist die eine Sache. Die
andere aber: Dass der Mann im Alter von 107 Jahren immer noch
auftrat und die Lieder seines Lebens sang. Somit war er ein Phäno-
men im doppelten Sinn: Ein großer Entertainer, zuletzt aber auch
der älteste aktive Bühnenkünstler der Welt. Man kann's nicht
glauben: Johannes Heesters geht nie wieder ins Maxim.«

Während bei Peter Alexander die näheren Umstände seines Todes
im Dunkeln blieben, weiß man über die des dienstältesten Danilos
in der *Lustigen Witwe* Bescheid: »Heesters erholte sich, nachdem er
einen Herzschrittmacher erhalten hatte, so weit, dass er nach wenigen Tagen aus dem Krankenhaus entlassen wurde. Doch ein Konzert, das er an seinem 108. Geburtstag geben sollte, musste abgesagt werden. Dann verschlechterte sich sein Zustand so sehr, dass
er neuerlich ins Spital gebracht wurde und am Heiligen Abend des
Jahres 2011 verstarb.«

Die meisten von uns waren noch nicht geboren, als er 1938 mit
seinem ersten Auftritt als Graf Danilo die Welt der Operette
eroberte. Da zeichnete sich schon ab, dass der Frauenheld zur Rolle
seines Lebens werden sollte. Von nun an schrieb »Jopie«, so die hol-
ländische Kurzform für Johannes, Film- und Theatergeschichte.

Am 5. Dezember 1903 in der holländischen Stadt Amersfoort
geboren, wollte er vorerst Priester werden, ehe er eine Banklehre
absolvierte, dann aber die Bühne als seine Berufung erkannte. Nach
ersten Engagements in Holland wurde Johannes Heesters Wien

zum Schicksal, wo ihm 1934 an der Volksoper als *Bettelstudent* der Durchbruch in der leichten Muse gelang.

Bald wurde der Film auf den Bonvivant aufmerksam, der als elegantester Frackträger seiner Zeit galt. Die im »Dritten Reich« gedrehten Musikfilme hießen ganz harmlos *Hallo Janine, Gasparone* und *Liebesschule* – brachten Heesters jedoch heftige Kritik ein, weil sie von der NS-Propaganda bewusst zur Ablenkung von Krieg und Terror produziert wurden. »Unsere Arbeit«, gestand er in seinen Memoiren, »war die verlogenste, die es damals gab, wir spielten eine heile Welt in Frack und Abendkleid«.

Nach außen hin seinem Ruf als Frauenschwarm treu bleibend, führte Heesters privat ein eher bürgerliches Leben. Er war seit 1930 mit der holländischen Schauspielerin Wiesje Ghijs verheiratet, die ihm zwei Töchter schenkte: Wiesje, die als Pianistin in Wien lebt, und Nicole, eine der bekanntesten deutschen Schauspielerinnen.

Nach dem Krieg setzte er – mit Wien als Hauptwohnsitz – seine Karriere mit Filmen und Fernsehshows fort. Allein als Danilo stand er 1600 Mal auf der Bühne, ehe er sich mit achtzig Jahren von der Rolle seines Lebens verabschiedete. Freilich blieb es weiterhin Höhepunkt jedes seiner Auftritte, wenn er *Heut geh ich ins Maxim* sang, war das Lied doch längst zu seinem Markenzeichen geworden.

Privat mied er Nachtlokale und Grisetten – das Pariser Maxim hat er in seinem Leben nur einmal betreten.

Nach dem Tod seiner ersten Frau heiratete Heesters 1992 die um 46 Jahre jüngere Schauspielerin Simone Rethel, die ihn schon als Teenager bewundert hatte und nun fürsorglich an seiner Seite stand. Die geistige und körperliche Frische, die es ihm ermöglichte, noch wenige Wochen vor seinem Tod auf der Bühne zu stehen, wurde durch eiserne Disziplin erreicht: Bis zuletzt absolvierte er Gymnastikübungen und lernte – fast völlig erblindet – neue Rollen mithilfe eines Spezial-Bildschirms, der die Texte vielfach vergrößerte.

Dass er ein biblisches Alter erreichte und neunzig Jahre auf der Bühne stand, mag seinen Fans Trost sein. Fehlen wird er ihnen allemal.

Denn keiner wird je wieder so ins Maxim gehen wie er.

»Ich hab immer nur den Eckhardt gespielt«
Fritz Eckhardt, 1907–1995

Jahrzehntelang war er in allen Wohnzimmern ein gern gesehener Gast. Seine Serien waren Straßenfeger. Mit *Hallo, Hotel Sacher ... Portier!, Wenn der Vater mit dem Sohne, Der alte Richter* und seinem Oberinspektor Marek im *Tatort* hat Fritz Eckhardt Fernsehgeschichte geschrieben. Am Silvesterabend des Jahres 1995 ist er in seinem letzten Domizil, dem Altenheim der Caritas in Klosterneuburg bei Wien, 88-jährig gestorben.

Eckhardt hatte Krebs und musste sich im Wiener Hanusch-Krankenhaus einer Operation unterziehen. Danach blieb er – bis auf siebzig Kilogramm abgemagert – bettlägerig, wirkte aber, ehe er für immer entschlief, friedlich und gelöst. Seit dem Tod seiner Frau hatte er in Klosterneuburg keine Angehörigen mehr, doch bis zuletzt kümmerte sich ein befreundetes Ehepaar um ihn. »Er war bis zum Schluss an allem interessiert, nur körperlich ging's rapide

»Ich hab immer nur den Eckhardt gespielt«

bergab«, erzählte Magda Bottesch, die auch am Abend seines Todes bei ihm war.

Das Geheimnis seiner Popularität hat er selbst einmal so beschrieben: »Ich hab alles mit derselben Freude gemacht. Ich hab ja nie den Marek oder den Portier im Sacher gespielt, sondern immer nur den Eckhardt!«

Geboren wurde er 1907 in Linz. Die Eltern waren Schauspieler. Seine Mutter Helene Norman starb, als er neun war. Sein Vater Viktor Eckhardt war Direktor des Wiener Apollotheaters (des heutigen Apollokinos, Anm.). Fritz Eckhardt trat nach der Schauspielschule in Wiener Kabaretts auf und musste als »Halbjude« in der Nazizeit versteckt leben – da schrieb er unter dem Namen seines Freundes Franz Paul für die Kleinkunstbühne Wiener Werkel.

Nach dem Krieg an mehreren Theatern tätig, nahm Eckhardt ab 1957 keine festen Engagements mehr an. »Das war mein Glück«, sagte er, »denn damals begann der Aufstieg des Fernsehens und ich wusste: Das ist mein Metier. Ich habe auch davon profitiert, dass der deutsche Film am Ende war, die Großen aber immer noch lebten. So konnten Stars wie Paul Hörbiger, Johannes Heesters, Gustav Knuth und Hilde Krahl in meinen Serien mitspielen.«

Von Kritikern mitunter »in der Luft zerrissen«, blieb ihm das Publikum stets treu. Unglaubliche – und heute unvorstellbare – drei Millionen Österreicher und dreißig Millionen Deutsche saßen vor den Bildschirmen, wenn ein »Eckhardt-*Tatort*« lief.

Fritz Eckhardt war fleißig, verfasste neben dreißig Theaterstücken auch noch zweihundert Folgen diverser Fernsehserien. Abgesehen vom Glücksfall, dass sich ein Autor die Texte auf den eigenen Leib schreiben konnte, hielt ihn die Arbeit jung. Mit 85 spielte er seinen letzten *Tatort*.

»Ich wusste, das Fernsehen ist mein Metier«: Fritz Eckhardt

Seine Frau Hilde, mit der Eckhardt 42 Jahre verheiratet war, starb acht Jahre vor ihm. »Ihr hatte ich zu verdanken, dass ich ›seriös‹ wurde und vom Spielteufel loskam. Nach dem Krieg erwischte sie mich im Café Prückel, als ich wieder einmal ein paar hundert Schilling verloren hatte, was damals ein Vermögen war. Sie sagte zu mir: ›Wenn du weiterspielst, lass ich mich scheiden.‹« Er nahm nie wieder Karten zur Hand und betrat kein Casino mehr.

Nach dem Tod seiner Frau lebte er weiterhin in seinem Haus in der Peter-Rosegger-Gasse in Klosterneuburg, die Wintermonate verbrachte er im Hotel Intercontinental in Wien. In den letzten Jahren seines Lebens hatte Eckhardt eine Beziehung mit der um vierzig Jahre jüngeren deutschen Schauspielerin Irmgard

Rießen, die in seinen TV-Serien *Meine Mieter sind die besten* und *Der gute Engel* mitgespielt hatte. Rießen besuchte Eckhardt regelmäßig, wodurch er der drohenden Einsamkeit entging. Der Schauspieler hat sie schließlich adoptiert und als Universalerbin eingesetzt.

Als Eckhardt »Professor« wurde, schickte ihm Hans Weigel dieses Scherztelegramm: »Hiermit lege ich den Titel Professor zurück. Albert Einstein.«

Nun verfügte Eckhardt in seinem Testament, »dass das Wort Professor nicht auf meinem Grabstein stehen soll.«

Er war sowieso immer nur »der Eckhardt«.

»Hier wird's mir schon ein bissl fad«
Paul Hörbiger, 1894–1981

Im Falle der Familie Hörbiger-Wessely kam die traurige Aufgabe auf mich zu, die Abschiedsporträts auf alle drei Großen ihrer Generation zu schreiben. Der Erste von ihnen war Paul Hörbiger.

»Am nächsten Wochenende kann ich dich leider nicht besuchen, da ich nicht in Wien bin«, sagte ich zum Abschied zu Paul Hörbiger, »in vierzehn Tagen sehen wir uns wieder.«

»Ja«, erwiderte der Volksschauspieler, »aber hoffentlich in Wieselburg, denn hier im Krankenhaus wird's mir langsam schon ein bissl fad.« Das waren die letzten Worte, die Paul Hörbiger zu mir sprach, wenige Tage bevor er starb.

Nachrufe

Ich schloss die Tür seines Zimmers im Krankenhaus Lainz, auf welche die Schwestern die Worte »Eintritt verboten« schreiben mussten, sonst hätte der Publikumsliebling durch die »Besuche« seiner Zimmernachbarn wohl keine Ruhe gefunden. Es hatte sich unter den Patienten des Pavillons VI wie ein Lauffeuer herumgesprochen, dass der Film- und Theaterstar einer der Ihren war, ein Unsterblicher zwar, aber eben doch vom Tode gezeichnet.

Er selbst dachte, seit er sich durch seine Zuckerkrankheit geschwächt ins Spital bringen ließ, keinen Moment daran, dass er es nicht wieder lebend verlassen würde. Er hing bis zuletzt an seinem Leben.

Ich besuchte Paul Hörbiger an jedem Wochenende im Spital. Es gab Tage, an denen er sehr schwach wirkte, doch gerade zum Schluss schien er sich wieder zu erholen. Wir sprachen von kommenden Arbeiten, das Fernsehen hatte angerufen und verlangte nach ihm, er freute sich darüber, mit seinen 86 Jahren immer noch gefragt zu sein.

Paul Hörbiger, das war ein Leben, das auf kleinen böhmischen Provinzbühnen, wie es damals üblich war, begann, das ihn über große Theater, den Stumm- und den Tonfilm bis ins Fernsehzeitalter führte: von Reichenberg ans Deutsche Theater Prag und von dort bereits als Publikumsliebling von Max Reinhardt nach Berlin geholt, wo auch die große Filmkarriere begann. Mit dreihundert Kinostreifen, fast immer nur Hauptrollen, hat er mehr Filme gedreht als jeder andere deutschsprachige Schauspieler. Vor und während des Krieges spielte er in Klassikern wie *Lumpazivagabundus*, *Unsterblicher Walzer*, *Opernball*, *Wir bitten zum Tanz*, *Schrammeln* …

Gegen Ende der Nazizeit schloss sich Paul Hörbiger einer Widerstandsbewegung an, die er auch finanziell unterstützte. Naiv und

»Hier wird's mir schon ein bissl fad«

unvorsichtig wie er war, überreichte er einem Mitglied dieser Bewegung einen Scheck über 2000 Reichsmark. Als der Empfänger des Schecks von der Gestapo verhaftet wurde, fand man bei ihm die Spende mit Paul Hörbigers Unterschrift, worauf dieser verhaftet und zum Tode verurteilt wurde. Glücklicherweise fand die Befreiung Wiens noch vor Vollstreckung des Urteils statt.

Paul Hörbiger setzte danach seine Karriere am Burgtheater, im Fernsehen und in österreichischen Nachkriegsfilmen wie *Der Hofrat Geiger*, *Der alte Sünder* und *Hallo Dienstmann* fort – sehr oft an der Seite von Hans Moser. Ebenso wie dieser war Hörbiger bis ins hohe Alter einer der wichtigsten Interpreten des Wienerliedes. Heinz Rühmann, auch er ein oftmaliger Filmpartner, sagte gegen Ende seines Lebens: »Zuletzt sah und hörte ich Paul wie er in einer Fernsehsendung das *Fiakerlied* sang. Ich habe das *Fiakerlied* in meinem Leben schon sehr oft gehört, aber so schön und ergreifend wie Paul mit seinen 84 Jahren die letzte Strophe gesungen hat, habe ich es nie gehört und werde es wohl auch nie wieder hören.«

Zweimal sah sich Paul Hörbiger während seines letzten Spitalsaufenthalts in Lainz selbst noch im Fernsehen: in Elias Canettis *Komödie der Eitelkeit*, seinem letzten Auftritt am Burgtheater, und in dem Film *Der Kongress tanzt* aus dem Jahr 1931. Er war währenddessen wie immer eingeschlafen. »I glaub, ich hab noch nie an Film mit mir bis zum Schluss gesehen«, meinte Paul Hörbiger.

Seine Tochter Monica war, am Tag bevor er starb, die Letzte, die ihn sah. Da er in den Wochen seines Krankenhausaufenthalts ein paar Kilogramm verloren hatte, witzelte er noch: »Weißt, jetzt hab i wieder mei Idealfigur.«

Paul Hörbiger starb am 5. März 1981.

Nachrufe

Ich war mit ihm befreundet, seit ich als Ghostwriter seine Memoiren verfasst hatte, jetzt schrieb ich die Abschiedsworte für einen der letzten alten Kinostars des deutschen Sprachraums. Der Nachruf endete mit dem Satz, der auch am Schluss seiner Lebenserinnerungen stand: »Ihr werdet's net so lang um mich weinen, wie ihr über mich gelacht habt's.«

Zwei Große des deutschsprachigen Schauspiels: die Brüder Attila (links) und Paul Hörbiger in dem Fernsehspiel Alles gerettet, *Wien 1963*

»Ordnung in sein Leben gebracht«
Attila Hörbiger, 1896–1987

Sein Bruder Attila hatte kurz vor Pauls Tod noch mit diesem telefoniert – angesichts des nahen Todes unterhielten sich die beiden nicht auf Deutsch, sondern auf Ungarisch, in der Sprache ihrer Kindheit, da sie in Budapest zur Welt gekommen waren. Sechs Jahre nach Pauls Tod galt es dann die richtigen Worte zu finden, um von Attila Hörbiger Abschied zu nehmen, dem Oberhaupt der legendären Schauspielerdynastie. »Er war der Letzte vielleicht«, meinte ich im Nachruf, »dessen Bühnenpersönlichkeit genügte, uns einen kalten Schauer spüren zu lassen, bevor er noch ein Wort gesagt hatte. Der Letzte, den man in einem Atemzug mit Werner Krauß, Albin Skoda, Ewald Balser nennen konnte.«

Sein Weg war – wie der seines Bruders – vom Schicksal keineswegs vorgezeichnet worden. Nicht nur, dass die beiden bis zur Aufnahme ins Gymnasium kaum ein deutsches Wort beherrschten, hatten sie auch nie eine Schauspielschule besucht. »Ich bin Schauspieler geworden«, sagte Attila Hörbiger ganz offen, »weil ich gesehen hab, dass man damit schnell Geld verdienen kann.«

Gesehen hatte er das nach dem Ersten Weltkrieg bei seinem um zwei Jahre älteren Bruder Paul, dem innerhalb kürzester Zeit eine vielversprechende Bühnenkarriere gelungen war. Attila hatte sein erstes Engagement ein Jahr nach dem Zusammenbruch der Monarchie in Wiener Neustadt, wo er, »um den guten Namen meines Vaters nicht mit dem Theater in Verbindung zu bringen«, unter dem Pseudonym Felix Weingart auftrat.

Nachrufe

Als ich Attila Hörbiger anlässlich seines neunzigsten Geburtstags interviewte, sagte er: »Was ich bin und was ich habe, verdanke ich meiner Frau.«

Paula Wessely, die neben ihm saß, unterbrach ihn: »Aber geh, Vater, was ich für dich getan habe, war, etwas Ordnung in dein Leben zu bringen. Du hättest es dir vielleicht ein bissl zu leicht gemacht.«

Hat er das? Knapp vor seiner Heirat mit der Wessely war Hörbiger schon von Max Reinhardt als Jedermann nach Salzburg geholt worden. Es folgten fünfzig Jahre schauspielerischer Glanzleistungen, die mehrere Generationen bewegten. Jahrzehntelang war er der kraftstrotzende »Naturbursch« des Burgtheaters, er konnte durch seine unvergleichliche Vielfalt als Peer Gynt ebensolche Erfolge feiern wie als Petruchio, als Knieriem, Nathan, als Gluthammer und als Cornelius Melody in *Fast ein Poet*.

Während Paul Karriere beim Film machte, wurde Attila Hörbiger in erster Linie zum gefeierten Theaterstar. Trotzdem bleiben etliche Filme und Fernsehspiele als Zeugnis einer unvergleichlichen Schauspielerpersönlichkeit erhalten. Deutlich ist spürbar, wie sehr Attila Hörbiger mit jeder Rolle reifer, größer, bewegender wurde. Seinen letzten Auftritt hatte er 1984 als Diener Firs in Tschechows *Der Kirschgarten* am Wiener Burgtheater.

Er starb am 27. April 1987, wenige Tage nach seinem 91. Geburtstag. Und es war niemand mehr da, mit dem er hätte Ungarisch sprechen können.

»Zugeflogen ist mir nichts«
Paula Wessely, 1907–2000

Dreizehn Jahre später, am 11. Mai 2000, musste ich auch ihr Ableben vermelden: »Paula Wessely ist tot, wir haben die Schauspielerin des 20. Jahrhunderts verloren.« Mit diesen Worten begann mein Nachruf auf die Doyenne des Wiener Burgtheaters. »Auch wenn sie sich vor langer Zeit schon von der Bühne zurückgezogen und uns dadurch um das Elementarereignis gebracht hat, einmal noch die Wessely erleben zu dürfen, so wussten wir doch, dass sie unter uns war. Jetzt hat sie uns im Alter von 93 Jahren wirklich und für immer verlassen.«

Mitunter ist man enttäuscht, wenn man großen Künstlern privat begegnet. Was an ihnen fasziniert, ist oft »nur« gespielt. Anders war es bei der Wessely, die ihr Vis-à-vis durch ihre Ausstrahlung und die unvergleichliche Melodie ihrer Sprache gefangen nehmen konnte. Jede mit ihr verbrachte Stunde war ein Erlebnis. Unvergesslich wie ihre Auftritte am Burgtheater, unvergesslich wie die großen Wessely-Filme: *Maskerade*, *Episode*, *Der Engel mit der Posaune*, *Vagabunden* ...

1926 lernte sie in Prag Attila Hörbiger kennen, den Mann, der dann mehr als ein halbes Jahrhundert an ihrer Seite stehen und dem sie drei Töchter schenken sollte, die alle Schauspielerinnen wurden – und nun sind auch ihre Enkel schon beim Theater.

Die Wessely stand nicht nur in dieser Familie im Mittelpunkt. Millionen Frauen kleideten sich, trugen ihr Haar wie sie. Paula Wessely wurde zum Idol. Allerdings musste sie jahrzehntelang damit leben und darunter leiden, in der Nazizeit den üblen Propagandafilm *Heimkehr* gedreht zu haben. Paula Wessely wirkte sehr ernst, sehr betroffen, wenn sie über diese Zeit und das, was man ihr vorhielt, sprach. Die Angriffe haben ihr den Frieden der letzten Jahre genommen, sie hat unvorstellbar darunter gelitten.

Im Oktober 1992 hatte sie in den Rosenhügel-Studios ihren letzten öffentlichen Auftritt. Für ihr Lebenswerk geehrt, dankte

»Dann war das nicht sehr viel, was ich den Menschen geben konnte«:
Paula-Wessely-Filmplakat, Apollokino Wien 1950

»Zugeflogen ist mir nichts«

sie unter Standing Ovations bescheiden: »Wenn ich an die Leistungen der wirklich Großen – an die Ärzte und Forscher – denke, dann war das nicht sehr viel, was ich den Menschen geben konnte.«

Bei einer anderen Gelegenheit hat sie mir anvertraut, dass sie im Jenseits »all den Menschen begegnen möchte«, die sie geliebt habe. Wir freilich werden das Hingehen dieser Frau noch lange nicht begreifen. Unsere Großeltern haben schon geschwärmt von ihr und wir tun es, seit wir fühlen können. Gerhart Hauptmann und Carl Zuckmayer schrieben ihr die Rollen auf den Leib; George Bernard Shaw drängte darauf, sie kennenzulernen; und Ingrid Bergman antwortete, als man sie fragte, wer ihr Vorbild sei: »Die Wessely!«

Von der Bühne hatte sie sich schon 1987 verabschiedet, nach dem Tod ihres Mannes. »Er fehlt mir ungemein«, sagte sie. Noch im hohen Alter freute sie sich, »wenn ich Gelegenheit habe, ihn im Fernsehen zu sehen. Da sehe ich nicht nur den Schauspieler Attila Hörbiger, sondern auch meinen Mann. Es ist wie ein Wunder, ihn lebendig vor mir zu haben, und mir kommen eine Fülle von Gedanken über die Zeit, wie es damals war, auch außerhalb der Dreharbeiten, als dieser Film entstanden ist. Attila hatte die seltene Gabe, auch das Negative positiv zu sehen.« Eine Gabe, die ihr wohl fehlte.

Die Wessely nahm ihren Beruf so ernst, dass wenig Platz für das Leichte blieb. »Zugeflogen ist mir nichts«, erklärte sie, »ich habe es mir schwer gemacht, mir jede Rolle erkämpfen müssen. Mir ging es um die Glaubwürdigkeit in der Darstellung, das war alles. Zufrieden war ich selten. Theater, Film, Erfolg – vieles war dann ganz plötzlich da.«

Nachrufe

Von Millionen bewundert, angehimmelt zu werden, das war auch ihr nicht in die Wiege gelegt worden. Sie kam als Tochter des Fleischermeisters Carl Wessely und seiner Frau Anna geb. Orth 1907 in der Wiener Vorstadt Sechshaus zur Welt. Ihre Tante, die große k. k. Hofschauspielerin Josefine Wessely, war die Schwester ihres Vaters, doch sie war, als Paula geboren wurde, – nur 27 Jahre alt geworden – schon seit zwanzig Jahren tot.

Paula Wessely lebte nicht wie ein Star, wie eine Diva, sondern sehr bürgerlich. Erklärte nur, »den Menschen dankbar zu sein, dass sie mir so lange die Treue gehalten haben«. In ihrem Letzten Willen hat sie hinterlassen, nur ja nicht, wie das bei Ehrenmitgliedern des Burgtheaters üblich ist, im Foyer des Bühnenhauses aufgebahrt und dann um das Gebäude getragen zu werden. Es gäbe Berufenere, die dem Burgtheater mehr gedient hätten. Und sie war der Auffassung, dass ein so großes Zeremoniell zu teuer wäre. Sie verzichtete auch auf ein Ehrengrab und ließ sich an der Seite ihres Mannes (der auch verzichtet hatte) am Grinzinger Friedhof begraben.

An dieser Stelle muss ich aus dem Nachruf des großen Theaterkritikers Joachim Kaiser zitieren, der in der *Süddeutschen Zeitung* schrieb: »Manchmal gibt es auch Gründe, die ein höheres Alter vorteilhaft erscheinen lassen. Und wäre es nur der, die Wessely noch erlebt zu haben – und dafür dankbar zu sein.«

Ein Denkmal war sie seit Langem schon. In den Herzen ihres Publikums bleibt sie lebendig.

Nicht nur in den Plastiksackerln
Marcel Prawy, 1911–2003

Nachrufe zu schreiben, gehört zu den schwierigsten Aufgaben eines Journalisten – vor allem, wenn man die Betroffenen persönlich gekannt hat (wie ich alle der hier genannten Legenden) oder gar befreundet war. Doch es hilft nichts, die Abschiedszeilen für die aktuelle Ausgabe der Zeitung müssen geschrieben werden, und das innerhalb weniger Stunden. In solchen Fällen muss man seine eigene Trauerarbeit verschieben, bis der Nachruf fertig ist.

So erging es mir, als Marcel Prawy am 23. Februar 2003 in seinem 92. Lebensjahr verstorben war. »Österreich«, schrieb ich, »ist um eine seiner eindrucksvollsten Persönlichkeiten ärmer.« Bis zuletzt als »Opernführer« tätig, hatte man ihn Mitte Februar ins Wiener Rudolfinerhaus gebracht. »Prawy war voller Tatendrang und so aktiv, wie wir ihn seit jeher kannten«, sagte sein behandelnder Arzt Dr. Reinoud Homan. Der körperliche Zustand freilich verschlechterte sich zusehends, sodass man ihn auf Wunsch seiner Lebenspartnerin Senta Wengraf in die Intensivstation des Allgemeinen Krankenhauses verlegte, in der er schließlich an den Folgen einer Lungenembolie starb.

Prawy hatte die Operngeschichte des 20. Jahrhunderts aus nächster Nähe miterlebt. »Ich war dabei, als Richard Strauss am 7. Dezember 1926 in der Staatsoper *Elektra* dirigierte«, erzählte er. »Von diesem Tag an war ich der Oper verfallen und jeden Abend auf dem Stehplatz anzutreffen.«

Noch drei Wochen vor seinem Tod konnte man ihn jeden Abend in seiner Loge in der Staatsoper antreffen. »Als er vor wenigen

Nachrufe

Tagen aufhörte, Ö1 einzuschalten, um seine geliebte Musik zu hören, wusste ich, dass es ihm wirklich schlecht ging«, verriet sein Arzt.

»Marcello« hatte mir einmal vorgerechnet, dass er in seinem Leben 25 000 Opernvorstellungen besucht hat. Sein Gedächtnis war so phänomenal, dass er sich im hohen Alter noch darüber aufregen konnte, wenn der Tenor in *Giuditta* an einer bestimmten Stelle links stand, obwohl Richard Tauber vor siebzig Jahren an dieser Stelle der Lehár-Operette rechts gestanden war.

Prawys Interessen gingen aber weit über die Welt der Musik hinaus. Als ich ihn an seinem neunzigsten Geburtstag fragte, was er sich wünschen würde, antwortete er: »Ich möchte noch einmal die Matura machen. Ich interessiere mich für alles so wahnsinnig. Ich will erfahren, warum ein Flugzeug fliegt, ich möchte viel lesen, hab aber keine Zeit, weil ich so viel anderes mach'. Daher könnte ich für die Maturaprüfung all das nachholen, was seit meiner Schulzeit in Physik, Chemie und Mathematik dazugekommen ist.«

Das enorme Wissen dieses auch liebenswerten und humorvollen Mannes war nicht nur in seinen legendären Plastiksackerln gespeichert, sondern vor allem in seinem Gedächtnis. Es war wohl eine ganz ausgeprägte Form von Neugierde, der er seine universelle Bildung verdankte. Und weil er nun einmal so neugierig war, rief er von einem seiner Krankenhausaufenthalte eine befreundete Kulturredakteurin an, um sie zu fragen: »Sag, ehrlich, hast du meinen Nachruf schon geschrieben?«

Da die Kollegin dies ihm gegenüber offen zugab, forderte er sie, neugierig, wie er eben war, auf: »Dann zeig ihn mir, ich möchte meinen Nachruf lesen.« Das freilich lehnte die Journalistin ab, was er sehr bedauerte.

25 000 Vorstellungen besucht: Marcel Prawy in einer seiner frühen Opernführer-Sendungen, *1970*

Nun war er wirklich gestorben und setzte sich, davon bin ich überzeugt, auf eine Wolke, ganz nahe von denen Richard Wagners, Johann Strauss' und Leonard Bernsteins, um all das zu lesen, was nach seinem Tod über ihn geschrieben wurde. Und er wird zufrieden gewesen sein, denn wer fand schon ein anderes Wort als das der Bewunderung und Hochachtung für diesen Mann, der sich so lange mit den Großen der Musikgeschichte beschäftigt hat, bis er selbst einer von ihnen geworden war.

Nachrufe

Viel mehr als ein Journalist
Hugo Portisch, 1927–2021

Das ist ein schwarzer Tag für den Journalismus, für die Geschichtsschreibung, ja für ganz Österreich. Hugo Portisch, der wohl bedeutendste Publizist des Landes, ist tot. Er starb am 1. April 2021 im Alter von 94 Jahren. Österreich trauert um einen seiner angesehensten Bürger.

Hugo Portisch war viel mehr als ein Journalist. Er war Kommentator des Weltgeschehens, Geschichtslehrer der Nation, Fernsehlegende, das gute Gewissen des Landes. Wenn er in seiner lebendigen Art die Welt erklärte, hörte jeder gebannt zu, denn er hatte die einzigartige Gabe, die kompliziertesten Zusammenhänge auf einfache und verständliche Weise darzustellen. Hugo Portisch hat das Leben von Generationen begleitet und mitgeprägt. Als Chefredakteur des *Kurier*, Chefkommentator des ORF, mit seinen historischen Serien *Österreich I* und *Österreich II*. Und immer wieder als Mahner politischen und gesellschaftlichen Anstands, als charismatischer Sympathieträger.

Er hatte den Journalismus in den Genen. Sowohl sein Vater als auch sein älterer Bruder waren Journalisten. Der Vater ist Chefredakteur der *Pressburger Nachrichten*, als Hugo 1927 zur Welt kommt. Er wird 1958 Chefredakteur des *Neuen Kurier*, der unter seiner Leitung zu Österreichs führender Tageszeitung wird. Nicht zuletzt durch seine TV-Auftritte in der *Runde der Chefredakteure* steht fest, dass Portisch auch ein außergewöhnliches Bildschirmtalent ist. Also wird er 1967 Chefkommentator des ORF, berichtet vom Prager Frühling, von der Studentenrevolution in Paris und live über die Mondlandung im Jahr 1969. Völlig neue Wege beschreitet Portisch, als er ab 1981 mit Sepp Riff die Dokumentarfilm-Reihen *Österreich I* und *Österreich II* gestaltet, in denen die Geschichte der Ersten und der Zweiten Republik aufgearbeitet wird. Hugo Portisch prägt das historische Bewusstsein des Landes, er selbst begründete sein Engagement mit den Worten: »Wir können unsere Gegenwart nicht beurteilen, wenn wir nicht wissen, was damals geschehen ist.«

»Wenn wir nicht wissen, was damals geschehen ist«: Hugo Portisch

Im Jahr 1991 ist Hugo Portisch gemeinsamer Wunschkandidat der beiden Großparteien als Nachfolger Kurt Waldheims. Doch er lehnt ab, »weil der Bundespräsident nicht so viele Gestaltungsmöglichkeiten hat. Ich habe das als Anschlag auf meine Freiheit empfunden. Ich lasse mich ungern zu etwas zwingen, und als

Politiker wird man immer zu etwas gezwungen.« Außerdem hätte sich seine Frau als »First Lady nicht wohlgefühlt«. Hugo Portisch war, seit er neunzehn war, mit der Kinderbuchautorin Traudi Reich verheiratet.

Der Jahrhundertjournalist musste auch schwere Schicksalsschläge hinnehmen. 2012 stirbt sein einziger Sohn Edgar an den Folgen einer Tropenkrankheit, und im Jänner 2018 geht ihm seine geliebte Traudi nach 72-jähriger Ehe in den Tod voraus.

Trotz der schweren Verluste in seinem Privatleben hat Hugo Portisch seinen unerschütterlichen Humor nie verloren, er sah »den Tod als einen Teil des Lebens. Aber wenn man eine Hetz hat bis zum Schluss, dann ist das Leben erfüllt.«

Dunkle Seiten, Ängste und Albträume
Udo Jürgens, 1934–2014

Ich traf ihn öfters in der legendären Broadway Piano Bar unseres gemeinsamen Freundes Béla Korény. Es war ganz klar, dass Udo Jürgens sich jedes Mal, wenn er kam, ans Klavier setzen würde. Doch uns allen fiel auf, dass er vor seinen Auftritten in der kleinen Bar extrem aufgeregt war und ewig lange brauchte, bis er endlich aufstand, um einige seiner Hits zu spielen. Nachher erzählte er, dass er vor achtzig Leuten viel nervöser sei als vor zwanzigtausend in einer großen Halle: »Weil den achtzig Leuten schau ich in die Augen, aber die zwanzigtausend in der Halle, die seh ich nicht.«

Dunkle Seiten, Ängste und Albträume

In meinem Haus, zwei Stockwerke über mir, wohnt Brigitta Köhler, eine sympathische, elegante Dame. Sie war Udo Jürgens' erste Liebe und mit ihm bis zuletzt in Freundschaft verbunden – ihre Person spielt auch in der Handlung seiner Familiengeschichte *Der Mann mit dem Fagott* eine wichtige Rolle. Sie hat ihn zuletzt drei Wochen vor seinem Tod in seinem Konzert in der Stadthalle gesehen und ihn danach getroffen, erzählt sie mir.

Brigitta Köhler sieht es als Fügung, dass er am Gipfel seines Erfolgs gestorben ist. Sie kannte Udo seit 1953, fünf Jahre lang waren sie ein Paar, ehe die Beziehung auseinanderging, »weil ich erkannte, dass die Musik bei ihm immer an erster Stelle stehen wird«.

»Dass die Musik bei ihm immer an erster Stelle stehen wird«: Udo Jürgens bei seinem Durchbruch, als er 1966 mit Merci, Chérie *den Eurovision Song Contest gewann*

Nachrufe

Ich selbst hatte mit Udo Jürgens – und Brigitta Köhler war oft dabei – mehrmals zu tun. Er kam zwei Mal als Gast einer Radiobeziehungsweise einer Fernsehsendung, die ich gestaltete. Schwierig waren immer nur die Verhandlungen mit dem Management, er selbst war freundlich und geradezu bescheiden, hatte keine Allüren und blickte mit großer Demut zurück: »Mir ist bewusst, dass ich ein Ausnahmeleben führe«, erklärte er einmal, »das hat Schattenseiten, etwa dass ich nirgendwo, ohne beobachtet zu werden, hingehen kann. Aber das Glück überwiegt.« Und dann sagte er noch, dass er froh sei, die Gefahren, die in seinen jungen Jahren gelauert hätten, überwunden zu haben. »Ich war durch Alkohol und andere Blödheiten gefährdet, aber ich habe mich da selbst herausgezogen.«

Der von mir moderierte Udo-Jürgens-Abend im ORF-Radiokulturhaus fand wenige Wochen nach dem 11. September 2001 statt. Als er sich zwischen zwei Runden unseres Gesprächs ans Klavier setzte und *Ich war noch niemals in New York* spielte, fragte ich ihn, ob dieses Lied nach *Nine Eleven* eine andere, vielleicht tiefere Bedeutung für ihn hätte, als dies bisher der Fall war.

Und er gab eine Antwort, die im Jahr 2022, das er nicht mehr erleben sollte, aktueller denn je ist: »Ja, das Lied hat heute eine andere Bedeutung«, meinte er, »dieser 11. September hat die Welt verändert. Sie hat durch die neuen Kommunikationsmittel nicht mehr dieselben Grenzen wie früher. Vor fünfzig oder hundert Jahren konnte man noch sagen, was geht uns das an, wir halten uns da raus, die sollen ihren Mist selber erledigen. Aber in dieser globalisierten Welt sind wir nicht mehr zu isolieren. Wenn heute jemand – ich sage jetzt etwas Utopisches – Salzburg oder Wien angreift, dann ist das kein österreichisches Problem, sondern ein europäisches. Es geht alle in der freien Welt etwas an, und alle müssen uns in diesem

Dunkle Seiten, Ängste und Albträume

Moment zur Seite stehen. Und genauso ist es umgekehrt. Und mein Lied ist nach diesem 11. September nicht mehr das geblieben, das ich irgendwann einmal geschrieben habe. Es sagt auch, dass New York uns alle etwas angeht.«

Was sein Privatleben betrifft, gestand Udo Jürgens in diesem Gespräch, dass er eigentlich ein scheuer Mensch sei und diese Scheu aus seiner Jugendzeit herrührte, als er extrem weit abstehende Ohren hatte. »Ich habe nichts Exhibitionistisches an mir«, erklärte er, »dabei wäre genau das für meinen Beruf wichtig. Jeder Auftritt kostet mich Überwindung, und ich fühle mich nur dann wohl, wenn ich mir ganz sicher bin, dass die Leistung, die ich erbringe, stärker ist als meine Scheu.« Diese Scheu zu überwinden sei ihm erst nach seiner Ohrenoperation gelungen, »die übrigens ein Arzt in Klagenfurt durchführte, der so etwas noch nie gemacht hatte und unmittelbar vor dem Eingriff zu mir sagte: ›Na, probier ma's halt!‹ Es ist Gott sei Dank gut gegangen.«

Als Udo Jürgens gestorben war, fragte ich meine Nachbarin Brigitta Köhler, ob er je mit ihr über den Tod gesprochen hätte, und sie antwortete: »In erster Linie hat er an die Zukunft gedacht und immer Pläne gehabt. Aber er hatte auch dunkle Seiten, Ängste und Albträume. Und er hat sich vor seinem Achtziger gefürchtet, weil beide Eltern etwa in diesem Alter gestorben sind.«

Udo Jürgens starb am 21. Dezember 2014 im Alter von achtzig Jahren in der Schweiz an Herzversagen.

MUSIKALISCHES

Musikalisches

Die Häuser des Walzerkönigs
Wie Johann Strauss sein Vermögen anlegte

Wenn jemand die *Fledermaus,* die *Tritsch-Tratsch-Polka* und den *Donauwalzer* komponiert hat, dann hat er es verdient, viel verdient zu haben – oder besser gesagt: reich zu sein. Johann Strauss war zumindest wohlhabend. Sein Geld hatte er vor allem in Immobilien angelegt.

Der Walzerkönig wuchs in den Wiener Vorstädten Neubau und Leopoldstadt auf und lebte auch als berühmter Musiker noch lange zur Miete, zuletzt mit seiner ersten Frau Henriette »Jetty« Treffz in einer herrschaftlichen Wohnung in der Praterstraße 54, in der er 1867 den Walzer *An der schönen blauen Donau* komponierte. Noch während er hier wohnte, besaß er bereits seine ersten beiden Zinshäuser.

Wien 9., Berggasse 18. Johann und Jetty Strauss besaßen das Haus einige Monate im Jahr 1863. Rund dreißig Jahre später wird die Adresse Berggasse Geschichte schreiben, da Sigmund Freud das gegenüberliegende Haus Nummer 19 beziehen, hier wohnen, ordinieren und die Psychoanalyse entwickeln wird. Das Ehepaar Strauss verkaufte das Haus nach kurzer Zeit wieder, vermutlich, um sich in der Barichgasse einzukaufen.

Die Häuser des Walzerkönigs

Wien 3., Barichgasse 36 (damals Rudolfsgasse). Das 1845 erbaute Zinshaus stand von 1863 bis 1870 im gemeinsamen Eigentum von Johann und Jetty Strauss. Es wurde 1945 durch einen Luftangriff zerstört und danach wiederaufgebaut.

Wien 13., Maxingstraße 18 (damals Hetzendorfer Straße). Im Jahr 1870 kaufte Johann Strauss die 1840 errichtete einstöckige Villa in Hietzing, in der er mit Jetty acht Jahre lang wohnen sollte.

Die Villa in Hietzing, das erste eigene Haus, in dem Johann Strauss – von 1870 bis 1878 – auch wohnte: Wien 13., Maxingstraße 18

In dem Haus, das heute noch im Originalzustand erhalten ist, entstanden viele Walzer und sechs Operetten, darunter *Die Fledermaus*. Als die um acht Jahre ältere Jetty hier im April 1878 starb, kehrte Strauss nicht mehr in das Haus zurück und verkaufte es.

Wien 4., Floragasse 6. Das Zinshaus war etwa 1870 bis 1874 im Besitz von Johann Strauss.

Wien 5., Wiedner Hauptstraße 118 (damals Matzleinsdorfer Straße). Wieder ein Zinshaus, damals ebenerdig. Das Gebäude befand sich in den Jahren 1874 bis 1892 im Eigentum von Johann Strauss. Es wurde mittlerweile durch einen Neubau ersetzt.

Wien 4., Johann-Strauß-Gasse 4–6 (damals Igelgasse). Glücklicherweise hatte Strauss zwei Jahre vor Jettys Tod zwei Parzellen in der heutigen Johann-Strauß-Gasse auf der Wieden erworben und darauf ein elegantes Palais errichten lassen. Die Bauaufsicht hatte noch Jetty, die jedoch den Einzug nicht mehr erleben sollte. Johann Strauss, der nicht allein sein konnte, heiratete nur sieben Wochen nach Jettys Tod die um 25 Jahre jüngere Schauspielerin Angelika »Lili« Dittrich, mit der er das von Jetty geplante Palais in der Igelgasse bezog.

Lili kümmerte sich um die Einrichtung des Hauses, doch die Ehe hielt nur vier Jahre, bis sie 1882 mit Franz Steiner, dem Direktor des Theaters an der Wien, eine Beziehung einging.

Strauss blieb in der Igelgasse und bewohnte das Palais ab dem Jahr 1878 bis zu seinem Tod, zuletzt mit seiner dritten Frau, der um dreißig Jahre jüngeren Adele. Im Salon des Ehepaares traf sich die

Die Häuser des Walzerkönigs

damalige Musikwelt, darunter Johannes Brahms, Anton Bruckner und Giacomo Puccini.

Das Strauss-Palais wurde 1944 durch mehrere Bombentreffer zerstört und abgetragen. An seiner Stelle steht ein moderner Wohnbau.

Im Strauss-Palais in der heutigen Johann-Strauß-Gasse auf der Wieden lebte der Walzerkönig von 1878 bis zu seinem Tod am 3. Juni 1899.

Musikalisches

Schönau bei Baden. Im Jahr 1880 kaufte Johann Strauss die Villa Leuzendorf in Schönau an der Triesting unweit von Baden als Sommerresidenz. Auch hier entstanden – wie immer meist nachts – große Kompositionen, darunter *Der Zigeunerbaron* und *Eine Nacht in Venedig*. 1894 verkaufte er die Villa.

Schönau bei Baden: die Sommerresidenz des Walzerkönigs von 1880 bis 1894

Bad Ischl, Kaltenbachstraße 36. Johann Strauss fuhr wegen seiner rheumatischen Beschwerden immer wieder zur Kur nach Ischl, wo im Windschatten des Kaisers viele Künstler ihre Sommerurlaube verbrachten. 1896 kaufte er die Villa Erdödy in der

Kaltenbachstraße. Strauss ging in Ischl gerne ins Kaffeehaus zum Tarockspiel, wobei erzählt wird, dass er oft mitten im Spiel aufsprang, sich an den Nebentisch setzte und eine Melodie notierte.

Ende der 1960er-Jahre fiel das architektur- und musikhistorisch wertvolle Gebäude sinnlos der Spitzhacke zum Opfer und wurde durch einen schmucklosen Betonbau ersetzt.

In der Sommervilla in Bad Ischl komponierte Strauss ab 1896.

Wien 8., Laudongasse 49 und 49a. Im Jahr 1890 kaufte Johann Strauss zwei Zinshäuser in der Josefstadt, die bis zu seinem Tod in seinem Eigentum standen. Das Haus Laudongasse 49a gibt es noch, Nummer 49 wurde nach dem Zweiten Weltkrieg durch einen Neubau ersetzt.

Musikalisches

Wien 3., Mohsgasse 28 und 29. Auch diese beiden Mietshäuser, errichtet 1892/93, wurden von Johann Strauss erworben und standen bis zu seinem Tod in seinem Besitz. Das Haus Mohsgasse 29 wurde nach dem Zweiten Weltkrieg durch einen Neubau ersetzt, das Haus 28 gibt es noch.

Zwei der Wiener Zinshäuser des Komponisten: 8., Laudongasse 49a und 3., Mohsgasse 28

Der Walzerkönig starb am 3. Juni 1899 mit 73 Jahren in seinem Palais in der Igelgasse an einer doppelseitigen Lungenentzündung. Drei Tage später wurde er mit einem Leichenwagen, vor den acht Rappen gespannt waren, zum Zentralfriedhof geführt, wo Tausende Menschen von ihm Abschied nahmen, unter ihnen Bür-

Die Häuser des Walzerkönigs

germeister Karl Lueger und Hofoperndirektor Gustav Mahler. Doch Johanns Bruder Eduard fehlte.

Eduards heute lebender Urenkel war viele Jahre Senatspräsident des Oberlandesgerichts Wien, er ist Präsident des Wiener Instituts für Strauss-Forschung und hat sich intensiv mit dem Nachlass seines Ur-Großonkels Johann Strauss Sohn befasst: Laut Testament vom 30. März 1895 hatte der Walzerkönig sein gesamtes Vermögen nicht seiner dritten Frau Adele vermacht, mit der er eine glückliche Ehe geführt hatte, sondern der Gesellschaft der Musikfreunde in Wien, aus deren Goldenem Musikvereinssaal jedes Jahr das Neujahrskonzert der Wiener Philharmoniker übertragen wird.

Das den Musikfreunden vererbte Vermögen bestand neben den Immobilien aus Bargeld und Wertpapieren. Seine Witwe Adele,

Mit seiner dritten Ehefrau wurde der Walzerkönig glücklich: Adele und Johann Strauss

Musikalisches

deren Tochter Alice (aus Adeles erster Ehe) und den Portier seines Palais in der Igelgasse bedachte Johann Strauss mit Rentenzahlungen. Die erhielt die erst 44-jährige Adele allerdings nur unter der Bedingung, dass sie sich nicht wieder vermählen oder eine Beziehung eingehen würde, woran sie sich auch hielt. Neben einer Jahresrente in Höhe von 8000 Kronen* standen der Witwe auch die Tantiemen ihres Mannes zu. »Frau Johann Strauss«, als die sie bis zuletzt unterschrieb, starb 1930 im Alter von 74 Jahren.

Die Wiener Zinshäuser gingen zwar auch an die Gesellschaft der Musikfreunde, die Mieteinnahmen erhielten jedoch seine beiden Schwestern Anna und Therese Strauss**, deren Wohlergehen Johann sehr am Herzen lag.

Sein jüngerer Bruder Josef war, als der Walzerkönig starb, seit fast dreißig Jahren tot, doch dessen Tochter Caroline wurde, obwohl sie in ziemlich beengten Verhältnissen lebte, nicht bedacht. Ebenso wenig wie Johanns damals noch lebender jüngster Bruder Eduard.

Da die Immobilien zum Teil mit Hypotheken belastet waren, mussten sie von der Wiener Gesellschaft der Musikfreunde nach und nach verkauft werden. Vom Johann-Strauss-Palais auf der Wieden weiß der »heutige« Dr. Eduard Strauss, dass es im Jahr 1900 um 117 232,38*** Gulden veräußert wurde.

---

* Die Summe entspricht laut Statistik Austria im Jahr 2022 einem Betrag von rund 40 000 Euro.

** Siehe auch Seiten 232–234

*** Die Summe entspricht laut Statistik Austria im Jahr 2022 einem Betrag von rund 1,2 Millionen Euro.

Am Stehpult seines Arbeitszimmers in der heutigen Johann-Strauß-Gasse entstanden viele Kompositionen des Walzerkönigs.

Musikalisches

Das Gesamtvermögen des Walzerkönigs wurde laut Marcel Prawys Strauss-Biografie inklusive Immobilien, Wertpapieren und Bargeld auf 800 000 Kronen* geschätzt.

Unschätzbar dagegen waren die an seine Witwe bis 1929 ausgeschütteten Tantiemen, zumal er zu den meistgespielten Komponisten des 20. Jahrhunderts zählte.

Die vergessenen Strauss-Schwestern
Auch Anna und Therese sollten dirigieren

Die »Sträusse« Johann Vater und Sohn, Josef und Eduard bildeten eine Musikerdynastie, wie es sie vorher und nachher nicht gegeben hat. Dass die berühmten Brüder – wie im vorigen Kapitel erwähnt – auch zwei Schwestern hatten, ist hingegen weitgehend unbekannt.

Die Eltern Anna und Johann Strauss hatten sechs Kinder. Neben den drei komponierenden Söhnen gab es noch die Schwestern Anna und Therese. Und den kleinen Ferdinand, der nach der Geburt starb. Das Ehepaar wechselte so oft seine Wohnungen, dass beinahe jedes Kind in einer anderen geboren wurde.

Nach dem Willen ihrer Brüder sollten Anna (genannt Netti) und Therese Dirigentinnen werden. Der Name Strauss war so populär, dass es weit mehr Konzertangebote gab, als die Brüder annehmen

---

* Die Summe entspricht laut Statistik Austria im Jahr 2022 einem Betrag von vier Millionen Euro.

konnten. Die Schwestern sollten daher angeblich ab 1862 das Strauss-Orchester leiten, als sich Johann nach der Heirat mit seiner ersten Frau Jetty immer mehr zurückziehen wollte. Einsatzgebiet der »Strauss-Mädeln«, so das Gerücht, wäre der Wiener Volksgarten gewesen.

Es wurde nichts daraus, und die Schwestern versanken wieder in der Anonymität. Sie waren nie verheiratet, freilich hatten ihre Brüder für sie finanziell vorgesorgt. »Der Johann«, schrieb Therese nach dessen Tod im *Illustrierten Wiener Extrablatt,* »hat ein Herz aus Gold gehabt. Wie er berühmt geworden ist, da hab ich müssen jeden Freitag bei ihm speisen.«

Die Schwestern Therese (links) und Anna Strauss versanken in der Anonymität.

Schwester Anna sollte eine delikate Rolle in Johanns Leben spielen. Kam ihr doch 1882 die undankbare Aufgabe zu, den Walzerkönig darüber zu informieren, dass seine zweite Frau Lili ein Verhältnis mit dem Direktor des Theaters an der Wien hatte, »was ohnehin ganz Wien wusste«.

Als wenige Tage nach Bekanntwerden der Affäre just im Theater an der Wien die neue Strauss-Operette *Der lustige Krieg* Premiere hatte, kursierte der Witz: *Der lustige Krieg* mit Girardi und der häusliche Krieg mit Lili.

Anna starb 1903 im Alter von 74 Jahren, Therese 1915 mit 84 Jahren.

»Das Schicksal hat uns alles genommen«
Der tragische Tod des Tenors Fritz Wunderlich

Der Festspielsommer war eben zu Ende gegangen, eine neue Saison stand bevor. Sie sollte ihn zum Höhepunkt seiner bisherigen Karriere führen: dem ersten Auftritt an der Metropolitan Oper in New York. Doch das Schicksal wollte es anders. Fritz Wunderlich, den man als »die Stimme des Jahrhunderts« bezeichnete, starb bei einem unglaublich banalen Unfall wenige Tage vor seinem 36. Geburtstag.

Fritz Wunderlich hatte innerhalb weniger Jahre die Opernhäuser und Konzertsäle Europas erobert und war der bedeutendste lyrische Tenor seiner Zeit. Unerreicht als Mozart-Interpret, war der 1930 in der Kleinstadt Kusel in der Pfalz geborene Sohn eines Kapell-

»Das Schicksal hat uns alles genommen«

meisters und einer Geigerin drauf und dran, seinen Erfolg auf die USA auszuweiten. Er wuchs in bitterer Armut auf, nachdem sich sein im Ersten Weltkrieg schwer verwundeter und dann von den Nazis gedemütigter Vater das Leben genommen hatte, als Fritz fünf Jahre alt war. Er wird dennoch als lausbubenhaft fröhliches Kind beschrieben, das freilich das familiäre Unglück zu verdrängen versuchte.

»Ich bin sehr früh mit Musik in Berührung gekommen«, sagte er einmal, »und es stand für mich eigentlich immer fest, dass ich auf irgendeine Art Musik machen würde in meinem Leben.« Fritz sang in Gasthäusern Schlager- und Operettenmelodien und begleitete sich selbst am Akkordeon, um sein Musik- und Gesangsstudium zu finanzieren. Als er es absolviert hatte, erhielt er einen Anfänger-vertrag an der Württembergischen Staatsoper in Stuttgart. Eines Abends, im Jahr 1955, sprang er als Tamino in der *Zauberflöte* für einen erkrankten Kollegen ein. Der Auftritt war ein derartiger Erfolg, dass Fritz Wunderlich mit seinen 25 Jahren über Nacht ein Star wurde.

Nach Engagements an deutschen Häusern wurde er 1963, bereits zum Kammersänger ernannt, festes Ensemblemitglied der Wiener Staatsoper, der er bis zu seinem Tod treu blieb. Daneben absolvierte er Gastspiele bei den Salzburger Festspielen, in Berlin, Venedig, Buenos Aires, London, Edinburgh und Mailand.

Fritz Wunderlich hatte eine strahlend klare Stimme und verfügte über ein außergewöhnliches schauspielerisches Talent, sodass er in jeder Rolle überzeugen konnte. Zu seinen wichtigsten Partien zähl-ten neben dem Tamino der Belmonte in Mozarts *Die Entführung aus dem Serail*, der Almaviva in Rossinis *Der Barbier von Sevilla* sowie der Hans in Smetanas *Die verkaufte Braut*, er sang aber auch Operetten und Lieder von Schubert bis Schumann. Glücklicherweise wurde das einzigartige Timbre der Stimme des rastlosen Tenors durch zahlreiche Schallplattenaufnahmen festgehalten. Freunde meinten, Fritz Wunderlich hat »so gern und so konzentriert gelebt, dass man das Gefühl hatte, er hätte im Unterbewusstsein geahnt, dass ihm nicht viel Zeit geschenkt würde«.

Als Einspringer in Mozarts Zauberflöte *entdeckt: Fritz Wunderlich, hier als Tamino mit Anneliese Rothenberger in der Rolle der Pamina*

Fritz Wunderlich sollte am 8. Oktober 1966 als Don Ottavio in Mozarts *Don Giovanni* sein Debüt an der New Yorker Met feiern. Doch dazu kam es nicht mehr. Der weltberühmte Tenor trat Anfang September noch in Edinburgh in der Rolle des Tamino auf, gab

»Das Schicksal hat uns alles genommen«

einen Liederabend in Salzburg und fuhr dann zu einem Treffen mit Freunden in das Jagdhaus einer Unternehmerfamilie nahe Karlsruhe, in dem er ein paar Tage verbringen wollte. Am Mittwoch, dem 14. September um 18.30 Uhr fuhr er, begleitet von einem befreundeten Arzt, mit seinem Auto von seinem Münchener Haus los, zweieinhalb Stunden später kam er in dem Landhaus an. Wunderlichs Frau Eva – selbst Musikerin – sollte am Wochenende nachkommen. So war es geplant.

Doch in der Nacht von Donnerstag auf Freitag passierte das Unglaubliche: Fritz Wunderlich und seine beiden Freunde hatten in der Küche gemeinsam eine Flasche Bier getrunken. Kurz nach Mitternacht zog sich der Sänger in das Gästeschlafzimmer im Souterrain der Villa zurück, als ihm einfiel, dass er trotz der späten Stunde noch seine Frau anrufen wollte. Er lief die zwölf Stufen der Holztreppe in den ersten Stock hinauf, wo das nächste Telefon stand. Dann rief er in München an, erzählte seiner Frau, dass frühmorgens eine Jagd geplant sei und er daher schon um halb vier Uhr geweckt würde. Dann sagte er noch, dass er die Planung der nächsten Tage ein wenig geändert hätte und schon am Wochenende nach Hause kommen wollte, um vor dem Met-Gastspiel noch ein paar gemeinsame Tage mit Eva verbringen zu können.

Als das Gespräch beendet war, lief Wunderlich die Stufen zu seinem Zimmer wieder hinunter. Dann hörten der Gastgeber und dessen Frau in ihrem Schlafzimmer das Geräusch eines dumpfen Aufpralls. Er ging hinaus und sah seinen Freund regungslos am unteren Ende der Treppe liegen, mit dem Kopf auf den Steinfliesen im Souterrain. Wunderlich war kaum ansprechbar, sein Kopf lag in einer großen Blutlache.

Musikalisches

Der Gastgeber rief sofort nach dem befreundeten Arzt, dessen Schlafzimmer im ersten Stock lag. Dieser leistete Erste Hilfe und ließ einen Krankenwagen und einen Unfallarzt kommen.

Fritz Wunderlich muss auf der Treppe das Gleichgewicht verloren haben und vermutlich als Folge seines nicht gut zugeschnürten rechten Schuhbandes so unglücklich gestürzt sein, dass er mit großer Wucht auf den Hinterkopf fiel. Dabei zog er sich einen Schädelbruch zu.

Der Krankenwagen brachte den Schwerverletzten zunächst in das Kreiskrankenhaus in der nahen Stadt Bretten, wo Wunderlich in bewusstlosem Zustand die Nacht verbrachte. Am frühen Morgen wurde seine Frau Eva telefonisch verständigt, der man verharmlosend mitteilte, dass ihr Mann bei einem Sturz eine Gehirnerschütterung erlitten hätte. Frau Wunderlich fuhr ins Spital. Dort informierte man sie, dass die Verletzung ungleich schlimmer war, dass Fritz Wunderlich einen Schädelbasisbruch hatte. Einen Augenblick durfte sie ihren Mann, der nicht ansprechbar war, sehen.

Am Nachmittag wurde der »Wundersänger« in ein größeres Krankenhaus nach Heidelberg verlegt. Wunderlich-Biograf Werner Pfister schildert seine letzten Stunden: »In der Neurochirurgischen Abteilung der Heidelberger Klinik führte man im rechten Schläfenbereich eine Schädeleröffnung durch, wobei eine schwere Hirnquetschung mit Blutung ins Hirngewebe registriert wurde. Fernmündlich informierte man die Angehörigen stündlich über den Gesundheitszustand Wunderlichs.«

Am Samstag, dem 17. September 1966 teilte man Frau Wunderlich um fünf Uhr früh mit, dass es zweckmäßig wäre, wenn sie nach Heidelberg käme. Als sie um sieben Uhr eintraf, war ihr Mann bereits tot.

»Das Schicksal hat uns alles genommen«

Eine Zeitung titelte: »Das Schicksal hat uns alles genommen«. Nicht nur die Musikwelt stand unter Schock.

Nichtsdestotrotz kamen bald die in einem so tragischen Fall unausbleiblichen Verschwörungstheorien auf. Befördert wurden diese unter anderem deshalb, weil der Tenor wenige Tage vor seinem Tod ein Autogrammfoto als makabren Scherz mit den Worten »In memoriam Fritz Wunderlich« unterschrieben hatte. Doch all die Spekulationen, es könnte Fremdverschulden vorliegen, erwiesen sich als unhaltbar.

Obwohl seine eigentliche Karriere nur zehn Jahre dauerte und seither schon mehr als ein halbes Jahrhundert vergangen ist, hat Fritz Wunderlich nach wie vor sein Publikum. Seine Plattenaufnahmen, etwa mit den Wiener Philharmonikern unter Herbert von Karajan, werden immer wieder neu veröffentlicht.

Der Tenor Nicolai Gedda sagte nach Wunderlichs Tod: »Das wird unerreicht bleiben«, und als Luciano Pavarotti 1990 in einem Interview gefragt wurde, wer für ihn der größte Tenor aller Zeiten sei, antwortete er, ohne zu zögern: »Fritz Wunderlich.«

Geschichten
aus dem Rest der Welt

Einreiseverbot für den »Tramp«

Charlie Chaplin darf nicht in die USA

Er war der größte Hollywoodstar seiner Zeit, keiner war so populär wie er, über keinen konnte das Publikum so lachen wie über ihn, keiner verdiente auch nur annähernd so viel. Doch eines Tages durfte Charlie Chaplin das Land seiner Erfolge nicht mehr betreten, die USA verhängten ein Einreiseverbot über ihn. Mit dem absurden Argument, dass er Kommunist sei.

Während des Zweiten Weltkrieges waren die Vereinigten Staaten und die Sowjetunion Verbündete in der Koalition gegen Hitler. Doch mit Einsetzen des Kalten Krieges im Jahr 1947 kühlten die Beziehungen zwischen den beiden Großmächten ab. Und plötzlich glaubten vor allem republikanische Politiker in den USA hinter jeder Ecke einen Sowjetspion zu erkennen. Das führte zu einer Hexenjagd, bei der Leute kommunistischer Umtriebe beschuldigt wurden, die nie etwas mit Politik, geschweige denn mit dieser Ideologie zu tun hatten.

Chaplin zählte zu den prominentesten Opfern. Die Gründe waren mannigfach. Einerseits sah man seine 1936 uraufgeführte Komödie *Moderne Zeiten* kritisch, weil er sich in dem Film über die industrielle Massenproduktion lustig machte, was konservative Kräfte als Angriff auf den Kapitalismus empfanden. Andererseits störten sich

Einreiseverbot für den »Tramp«

Chaplins Gegner an seiner weltoffenen Lebensweise und seinen Liebschaften mit jungen Frauen. Verdächtig schien auch, dass er sich als Pazifist bezeichnete und in all den Jahren in den USA seine britische Staatsbürgerschaft nicht zurückgelegt hatte.

Der Schauspieler stand seit 1922 unter Beobachtung des FBI, das seine angeblichen Verfehlungen in einem zweitausend Seiten starken Aktenkonvolut aufgelistet hatte. 1947 wurde Chaplin vom *House Committee on Un-American Activities (Komitee für unamerikanische Umtriebe)* einvernommen, in dem er sich in guter Gesellschaft befand, betrafen die paranoiden Verdächtigungen, Kommunisten zu sein, doch auch Künstler und Intellektuelle wie Thomas Mann, Leonard Bernstein, Arthur Miller, Robert Oppenheimer und Albert Einstein. Ihren Höhepunkt fand die Verfolgung der meist liberalen bis fortschrittlichen Personen ab 1950, als der republikanische Senator Joseph McCarthy die Jagd auf »verdächtige Elemente« aufnahm.

Als Chaplin mit seiner vierten Frau Oona am 17. September 1952 im Hafen von New York den Passagierdampfer *Queen Elizabeth* bestieg, um einen Kurzbesuch in London zu absolvieren, wo die Weltpremiere seines neuen Films *Rampenlicht* gefeiert wurde, sah FBI-Direktor J. Edgar Hoover die Chance gekommen, den Schöpfer des weltweit populären *Tramps* – den er als »Salonbolschewisten« bezeichnete – für immer loszuwerden. Während Chaplin nach Europa reiste, annullierten die US-Behörden seine Wiedereinreise-Genehmigung mit der Begründung, der Filmstar hätte die Kommunistische Partei unterstützt. Die Entscheidung wurde Chaplin schon am zweiten Tag seiner Reise an Bord der *Queen Elizabeth* mittels Telegramms zugestellt. Tatsächlich sollten fast zwanzig Jahre vergehen, ehe er seine Wahlheimat wieder sah. In Amerika wurden

Geschichten aus dem Rest der Welt

Mit der Figur des »Tramp« weltberühmt geworden, wurde Hollywoodstar Charlie Chaplin 1952 die Wiedereinreise in die USA untersagt.

indes seine Filme verboten und seine Hand- und Fußabdrücke gegenüber dem Chinese Theatre in Hollywood entfernt.

Charles Spencer Chaplin kam am 16. April 1889 als Sohn zweier Music-Hall-Artisten in London zur Welt. Da der Vater Alkoholiker war und die Mutter sich immer wieder in psychiatrischen Kliniken aufhielt, wuchs er in Waisenhäusern und in unvorstellbarer Armut in den Slums der britischen Metropole auf. Mit fünf Jahren stand er zum ersten Mal auf einer Bühne, mit siebzehn schloss er sich einer Theatertruppe an, mit der er auch in den USA gastierte. Dort wurde er 1913 in einer Vorstellung von Agenten der *Keystone Picture Studios* für den Film entdeckt, woraufhin er innerhalb weniger Monate 35 Slapstick-Komödien drehte. Nach einem Jahr auf der Leinwand erfand Chaplin die Figur des *Tramps*, des kleinen Mannes

Einreiseverbot für den »Tramp«

mit Hut, Schnurrbart, Bambusstöckchen, verbeulten Hosen und viel zu großen Schuhen, die ihn in aller Welt bekannt machte. 1919 gründete er gemeinsam mit Mary Pickford, Douglas Fairbanks und D. W. Griffith den Filmverleih *United Artists*. Zu Chaplins bekanntesten Filmen zählen *The Kid*, *Goldrausch*, *Lichter der Großstadt* und *Moderne Zeiten*. 1940 persiflierte er Hitler in *Der große Diktator*.

Als Chaplin im Herbst 1952 die Wiedereinreise in die Vereinigten Staaten verwehrt wurde, beschloss der mittlerweile 63-jährige Schauspieler, für immer in Europa zu bleiben. Seine 27-jährige Frau Oona – sie war die Tochter des Dramatikers Eugene O'Neill – fuhr zurück nach Kalifornien, um seinen gesamten Besitz aufzulösen und die Immobilien zu verkaufen. Dann erwarb Chaplin ein herrschaftliches Anwesen in der Schweiz, auf dem er sich mit seiner Frau und seinen acht Kindern niederließ. In Europa drehte er noch die Filme *Ein König in New York*, in dem er mit McCarthys Hexenjagd abrechnete, und *Die Gräfin von Hongkong*, danach zog er sich ins Privatleben zurück.

Die McCarthy-Ära neigte sich ihrem Ende zu, als der Senator aus Wisconsin 1954 begann, neben Künstlern und Wissenschaftlern auch hohe Beamte und Offiziere der US-Armee als Sympathisanten der Kommunistischen Partei zu verdächtigen. Drei Jahre später starb der schwer alkoholkranke McCarthy im Alter von 48 Jahren an Leberzirrhose.

In den USA änderte sich mittlerweile das politische Klima, der einst verfemte Chaplin bekam einen Stern am Hollywood Walk of Fame, seine Filme wurden wieder gespielt. Und 1972 ließ sich der 83-jährige Schauspieler, Regisseur, Drehbuchautor, Komponist und Produzent dazu überreden, noch einmal nach Amerika zu fliegen, wo ihm unter Standing Ovations der versammelten Hollywood-

Geschichten aus dem Rest der Welt

Prominenz der Ehren-Oscar für sein Lebenswerk verliehen wurde. Die Begründung lautete, er hätte »unschätzbaren Einfluss darauf gehabt, dass das Filmemachen als Kunstform des Jahrhunderts« anerkannt würde.

Amerika hat sich ausgesöhnt mit dem großen Komödianten, der von sich sagte: »Ich bin kein Kommunist, ich bin ein Friedenshetzer.«

Sir Charles Spencer Chaplin starb am 25. Dezember 1977 im Alter von 88 Jahren auf seinem Anwesen in Vevey am Genfer See.

Die Anwälte plädieren auf Totschlag
Marlon Brandos Sohn vor Gericht

Am 16. Mai 1990 trafen sich Marlon Brando, sein Sohn Christian, seine Tochter Cheyenne und deren Lebensgefährte Dag Drollet zu einem Abendessen in der Villa des Filmstars am eleganten Mulholland Drive in Hollywood. Während des Essens soll seine Halbschwester Cheyenne zu Christian gesagt haben, dass Dag sie mehrmals geschlagen hätte. Nach dem Essen kam es deshalb im Wohnzimmer zu einer Auseinandersetzung zwischen Christian und Dag, wobei sich aus einer Pistole, die Brandos Sohn bei sich trug, ein Schuss löste, der Dag Drollet im Kopf traf. Marlon Brando versuchte, den Schwerverletzten durch Mund-zu-Mund-Beatmung zu retten – jedoch ohne Erfolg, Dag Drollet starb. Christian Brando wurde wegen Mordverdachts und illegalen Waffenbesitzes verhaftet.

Die Anwälte plädieren auf Totschlag

Für Marlon Brando war der Kriminalfall der schlimmste Schicksalsschlag seines Lebens. Ein Polizeibeamter, der ihn unmittelbar nach der Tat als Zeugen einvernahm, beschrieb den sonst als eher überheblich und allürenhaft bekannten 66-jährigen Hollywoodstar in dieser Situation als einen müden, geschlagenen Mann, der älter wirkte, als er tatsächlich war. Der Fall wurde nicht nur von Boulevardzeitungen hochgeschaukelt, sodass Marlon Brando die Schattenseiten seines Ruhms kennenlernen musste.

Bei den Vorverhandlungen und dem im darauffolgenden Jahr angesetzten Gerichtsverfahren gab der Täter an, niemals vorgehabt zu haben, den Freund seiner Schwester – von dem sie im achten Monat schwanger war – zu erschießen, er wollte ihn bloß zur Rede stellen, wobei die Situation eskaliert und es zu dem tödlichen Schuss gekommen sei. Die Staatsanwaltschaft beharrte jedoch auf Mord.

Marlon Brando hatte zehn Kinder, die von vier Frauen stammten. Christian, 1958 in Los Angeles zur Welt gekommen, war Brandos ältester Sohn mit seiner ersten Frau, der britischen Schauspielerin Anna Kashfi, deren Vorfahren zum Teil aus den ehemals indischen Kolonien gekommen waren. Die Ehe hielt nur eineinhalb Jahre, weshalb Christian seine Kindheit hin- und hergerissen zwischen der alkohol- und drogenkranken Mutter und dem ständig von einem Drehort zum anderen hetzenden Vater verbrachte. Als Christian dreizehn und seine Mutter fast an den Folgen einer Überdosis gestorben war, erhielt Marlon Brando das alleinige Sorgerecht für den Knaben. Er kümmerte sich aber wenig um ihn und ließ ihn, von diversen Kindermädchen betreut, zwischen Hollywood und seiner privaten Insel Tetiaroa bei Tahiti aufwachsen.

Im März 1972 – Marlon Brando drehte gerade in Frankreich den Film *Der letzte Tango in Paris* – entführte Anna Kashfi ihren vierzehnjährigen Sohn aus der Obhut des Vaters und versteckte ihn in einer Gruppe von Hippies. Diese verlangten für dessen Rückgabe ein Lösegeld in Höhe von zehntausend Dollar. Marlon Brando engagierte daraufhin einen Privatdetektiv, der Christian tatsächlich in Mexiko fand und zu ihm zurückbrachte. Der Knabe litt nach der Entführung an Unterernährung, Lungenentzündung und war dermaßen traumatisiert, dass er sich später aus Angst, noch einmal entführt zu werden, Pistolen und Gewehre zulegte und ein Waffennarr wurde.

Wie seine Mutter wurde auch Christian Brando alkohol- und drogensüchtig. Er bekam einige kleinere Filmrollen, schaffte aber trotz des berühmten Namens keine erfolgreiche Karriere. Zwischendurch lebte er von Gelegenheitsjobs wie Holzarbeiter und Schweißer, war aber meist auf die finanzielle Unterstützung seines Vaters angewiesen.

Mit 22 Jahren heiratete Christian Brando seine langjährige Freundin Mary McKenna, die sich nach sechsjähriger Ehe scheiden ließ. Als Grund gab sie an, von ihm mit dem Tod bedroht und missbraucht worden zu sein.

Christians Halbschwester Cheyenne, 1970 auf Tahiti zur Welt gekommen, war die Tochter von Brandos Partnerin, der polynesischen Tänzerin Tarita Teriipaia. Cheyenne, die ihr Leben lang unter dem berühmten Namen ihres Vaters litt, arbeitete als Fotomodell, musste diese Tätigkeit aber beenden, als sie bei einem Autounfall Gesichtsverletzungen erlitt. Von da an hatte sie schwere Depressionen, die später in eine Schizophrenie übergingen. 1987 lernte sie Dag Drollet, den Sohn eines tahitianischen Politikers, kennen und ging eine Beziehung mit ihm ein, die durch die fatalen Schüsse in Marlon Brandos Villa endete.

Die Anwälte plädieren auf Totschlag

Als der Prozess 1991 im Obergericht in Santa Monica begann, plädierten Christian Brandos Anwälte auf Totschlag, und der Angeklagte erklärte, betrunken gewesen zu sein, als es zum Streit mit Dag Drollet kam. Er gab zu, den Revolver aufgezogen zu haben, um den Freund seiner Schwester – zu der er ein inniges Naheverhältnis hatte – zu erschrecken, bestritt aber, ihn willentlich getötet zu haben.

Marlon Brando hatte sein ganzes Schauspielerleben lang nur ganz wenige private Interviews gegeben, jetzt, da sein Sohn in gehörigen Schwierigkeiten steckte, stand er den Prozessberichterstattern, auch TV-Sendern, bereitwillig und bis zu einer Dreiviertelstunde zur Verfügung. Und die Presse stürzte sich auf jede Aussage des sonst verschwiegenen Stars.

Als Zeuge vor Gericht einvernommen, erklärte Brando, dass sein eigener Ruhm dem Schicksal seines Sohnes im Wege stünde: »Wäre er das Kind eines unbekannten Vaters gewesen, hätte er es leichter gehabt.« Dann bat er den Richter unter Tränen um ein mildes Urteil für seinen Sohn.

Der kam tatsächlich mit zehn Jahren davon, von denen er die Hälfte im Staatsgefängnis von San Luis Obispo in Kalifornien absitzen musste. Dann wurde er wegen guter Führung auf Bewährung entlassen. Für diesen günstigen Prozessverlauf hatte Marlon Brando eine Riege von Topanwälten engagiert und sich in sieben Millionen Dollar Schulden gestürzt.

Das Gericht erkannte an, dass Dag Drollet erschossen wurde, als die beiden Männer um die Tatwaffe gekämpft hatten. Christian wurde daher nicht wegen Mordes, sondern wegen Totschlags verurteilt – der große Name dürfte ihm dabei eher geholfen als geschadet haben. »Marlon Brandos Absicht war«, schreibt Richard Schickel in

Geschichten aus dem Rest der Welt

»Mein Ruhm stand ihm im Wege«: Hollywoodstar Marlon Brando und Sohn Christian vor dem Gerichtsgebäude in Santa Monica

seiner Brando-Biografie, »die Aufmerksamkeit von seinem Sohn ab- und auf sich selbst zu lenken.«

Ein Grund dafür, dass Christian nicht wegen Mordes verurteilt wurde, war wohl auch, dass die Hauptzeugin – seine Halbschwester Cheyenne – nicht vor Gericht erscheinen konnte, da sie sich in einer psychiatrischen Klinik befand. Hatte sie doch unmittelbar nach der Verhaftung ihres Bruders bei der Polizei ausgesagt, dass die Tat vorsätzlich geplant gewesen sei. Cheyenne, die mittlerweile von ihrem verstorbenen Freund Dag Drollet einen Sohn namens Tuki zur Welt gebracht hatte, erhängte sich noch während des Prozesses im Haus ihrer Mutter auf Tahiti. Sie war nur 25 Jahre alt geworden.

Die Anwälte plädieren auf Totschlag

Marlon Brando war 1924 in Omaha im Bundesstaat Nebraska als Sohn zweier Alkoholiker – der Vater war Handelsreisender, die Mutter Schauspielerin – zur Welt gekommen. Als er elf war, trennten sich die Eltern, woraufhin er mit seiner Mutter und seinen Schwestern nach Kalifornien zog. Er flog als Schüler von mehreren Schulen, packte als Bauarbeiter an, ehe er in New York das berühmte *Actors Studio* besuchte. Der Regisseur Elia Kazan holte ihn von dort für das Drama *Endstation Sehnsucht* von Tennessee Williams an den Broadway, wo er seinen Durchbruch feierte. Danach von Hollywood entdeckt, drehte Brando rund vierzig Filme, darunter *Der Wilde*, *Meuterei auf der Bounty*, *Der Pate*, *Die Faust im Nacken* und *Apocalypse Now*, mit denen er Weltruhm erlangte.

So erfolgreich der zweifache Oscar-Preisträger in seinem Beruf war, so sehr scheiterte er im Privatleben. Einmal gestand er, »als Vater vielleicht versagt zu haben«, jedenfalls war er seinen Kindern kein Vorbild, hatte er doch ununterbrochen wechselnde Liebschaften mit Statistinnen, Sekretärinnen und Schauspielerinnen, zu denen Marilyn Monroe, Marlene Dietrich, Joanne Woodward und Ursula Andress zählten. Die meisten seiner Frauen verzweifelten an seiner pathologischen Untreue und daran, dass er gegen sie Gewalt anwandte. »Wenn man reich und berühmt ist«, soll Marlon Brando gesagt haben, »ist es leicht, Mädchen flachzulegen.« Der einst als schönster Mann in Hollywood geltende Schauspieler starb, herzkrank und fettleibig, am 1. Juli 2004 im Alter von achtzig Jahren.

Christian Brando war nach seiner Haftentlassung wieder alkohol- und drogenabhängig und kam weitere Male mit dem Gesetz in Konflikt. Im Oktober 2004 heiratete er in Las Vegas Deborah Presley, eine uneheliche Tochter Elvis Presleys, doch die Ehe

251

scheiterte nach nur drei Monaten, nachdem sie ihn wegen häuslicher Gewalt verklagt hatte. Auch andere Beziehungen hielten nur kurze Zeit.

Obwohl er einen Teil des nicht unerheblichen Erbes nach seinem Vater erhalten hatte, lebte Christian Brando zuletzt von der Sozialhilfe. Er starb am 26. Jänner 2008 im Alter von 49 Jahren an einer Lungenentzündung.

»Ich habe Vorfahrt!«
Der tödliche Unfall von James Dean

Es war eine Kreuzung, an der nach menschlichem Ermessen nichts passieren kann. Menschenleer, kein Autoverkehr, mitten in der Wüste. Und doch raste der 24-jährige Schauspieler James Dean genau hier in den Tod. Er hat in seinem kurzen Leben nur drei Filme gedreht, wurde aber nicht zuletzt durch diesen tragischen Unfall zum Idol.

James »Jimmy« Dean fährt in der Abenddämmerung des 30. September 1955 um 17.45 Uhr mit seinem Porsche 550 Spyder, den er *Little Bastard* nannte, den nordkalifornischen Highway 41 entlang. Die Angaben über seine Geschwindigkeit schwanken zwischen 100 und 160 km/h.

Da kommt ihm auf der sonst leeren Überlandstraße ein Ford entgegen, der plötzlich und unvermittelt von der State Route 41 nach links in die US 466 einbiegt. James Dean fährt auf die Kreuzung zu und sagt noch zu dem neben ihm sitzenden deutschen

»Ich habe Vorfahrt!«

Porsche-Mechaniker Rolf Wütherich: »Der Kerl wird anhalten, ich habe Vorfahrt!«

Es sollten seine letzten Worte sein, dann bohrt sich das silbergraue Porsche-Cabrio in die rechte Seitentür des Wagens, an dessen Steuer der 23-jährige Student Donald Turnupseed sitzt.

Turnapseed kommt mit dem Schrecken davon, Wütherich wird mit schweren Kiefer- und Hüftverletzungen sechs Monate im Spital verbringen, James Dean überlebt den Unfall nicht, nachdem seine Wirbelsäule durch den Aufprall gebrochen ist.

Der Schauspieler war neben seiner Arbeit für Theater und Film ein ebenso leidenschaftlicher wie erfolgreicher Rennfahrer. Den offenen Porsche besaß er erst seit wenigen Tagen, er sollte mit ihm am nächsten Tag im kalifornischen Salinas an einem Rennen teil-

Als leidenschaftlicher Porsche-Fahrer rast der 24-jährige James Dean in den Tod.

nehmen. Dorthin war er jetzt, von Los Angeles kommend, auf dem Highway 41 unterwegs gewesen.

Jeden der beiden Fahrer trifft wohl ein Teil der Schuld. Turnup-seed war trotz Nachrangs langsam, ohne zu bremsen nach links abgebogen, James Dean war mit überhöhter Geschwindigkeit unterwegs und hatte trotz der Abenddämmerung das Licht seines Porsches nicht eingeschaltet. »Ich habe ihn nicht gesehen«, beteuerte der Fahrer des Fords nach dem Crash, »ich schwöre, ich habe ihn nicht gesehen.«

Am Vormittag des Unfalltages hatte James Dean noch bei Ursula Andress, mit der er ein paar Mal aus gewesen war, vorbeigeschaut und sie gefragt, ob sie nicht mit ihm zu dem Autorennen nach Salinas fahren wollte. Andress lehnte ab – und hat damit möglicherweise ihr Leben gerettet.

James Dean war 1931 in der Kleinstadt Marion im Bundesstaat Indiana als Sohn eines Zahntechnikers geboren worden und wuchs zunächst bei seinen Eltern in Kalifornien auf. Als er neun war, starb seine Mutter an Krebs, und er wurde zu Verwandten zurück nach Indiana gebracht, die für seine Erziehung sorgten. Als er achtzehn war, meldete sich der Vater zurück und verlangte, dass Jimmy Jus studieren möge. Doch der hatte bei Bühnenaufführungen an der Highschool Theaterblut geleckt und wollte unter allen Umständen zur Bühne. Er inskribierte zwar Rechtswissenschaften, kämpfte sich aber so lange als Platzanweiser und Bühnenarbeiter durch, bis er es schaffte, kleine Rollen zu bekommen. Dann ging er nach New York und nahm Schauspielunterricht bei Lee Strasberg, der sein außergewöhnliches Talent zu formen verstand. Von Strasbergs renommiertem *Actors Studio* haben es schon viele geschafft, Karri-

»Ich habe Vorfahrt!«

ere zu machen. So auch James Dean, der nun eine Rolle am Broadway bekam. Wie Marlon Brando von Elia Kazan entdeckt, wurde der mittlerweile 23-jährige James Dean von diesem für die Hauptrolle in seinem Film *Jenseits von Eden*, einem Drama nach dem Roman von John Steinbeck, engagiert. Danach ging es Schlag auf Schlag: Es folgten die Filme *... denn sie wissen nicht, was sie tun* und *Giganten* mit Elizabeth Taylor und Rock Hudson.

Als James Dean starb, hatte er eben erst *Giganten* abgedreht, im Kino war zu diesem Zeitpunkt nur ein Film, *Jenseits von Eden,* zu sehen. Der Schauspieler wurde also von den meisten Amerikanern erst entdeckt, als er bereits tot war. Alle drei James-Dean-Filme kamen erst in seinem Todesjahr 1955 ins Kino. Für *Jenseits von Eden* und für *Giganten* erhielt er posthum zwei Oscar-Nominierungen als bester Hauptdarsteller.

Von seinen ersten Gagen hatte er sich einen Sportwagen gekauft, und jede freie Minute dafür verwendet, an Autorennen teilzunehmen. Dem Produzenten von *Giganten* hatte er sein Ehrenwort geben müssen, während der Dreharbeiten keine Autorennen zu fahren. Daran hielt er sich, fuhr aber bereits wenige Tage nachdem der Film fertig war, zum Autorennen nach Salinas, an dem er nicht mehr teilnehmen konnte.

James Dean war ein einsamer Mensch. Auch wenn er ein paar Mal mit Ursula Andress und mit Natalie Wood, die neben ihm in *... denn sie wissen nicht, was sie tun* die weibliche Hauptrolle spielte, aus war. Aber seine große Liebe war die schöne italienische Schauspielerin Pier Angeli, die ihn sitzen ließ und einen anderen heiratete.

Nach seinem Tod sind junge Frauen verrückt nach ihm. Vor allem als der Film *... denn sie wissen nicht, was sie tun* vier Wochen später in den Kinos anlief. Er spielt darin einen rebellischen Halbstarken und wird zur Kultfigur bei der amerikanischen Jugend. Plötzlich vervielfacht sich die Fanpost, Mädchen kreischen im Kino, sobald er auf der Leinwand erscheint, Tausende Teenager stürmen sein Grab in Fairmount/Indiana, nicht wenige behaupten, von ihm schwanger zu sein, und in den USA geht das Gerücht um, James Dean hätte den Unfall überlebt und würde sich in Wahrheit – schwer verletzt und im Gesicht entstellt – an einem unbekannten Ort verstecken.

Wenige Tage vor seinem tödlichen Unfall hatte James Dean einen Fernsehspot zum Thema Verkehrssicherheit aufgenommen. »Früher bin ich auch ganz schön gerast und habe unnötig viel riskiert«,

Die Kreuzung, an der James Dean starb, trägt heute seinen Namen.

sagte er. »In letzter Zeit bin ich sehr vorsichtig im Straßenverkehr. Ich habe überhaupt keine Lust mehr, zu rasen. Es heißt, dass man als Rennfahrer gefährlich lebt, aber ich fordere lieber auf der Rennbahn das Glück heraus als auf dem Highway. Ich kann euch daher nur raten: Fahrt vorsichtig! Vielleicht bin ich es, dem ihr damit eines Tages das Leben rettet.«

Die Kreuzung, an der der Schauspieler tödlich verunglückte, trägt heute den Namen *James Dean Memorial Junction*.

Der Mann, der Hans Albers war
oder Die schöpferischen Kräfte im Fleischergewerbe

Er zählte zu den populärsten Schauspielern seiner Zeit. Hans Albers wurde durch mehr als hundert Filme zum Inbegriff des Draufgängers, der die Herzen der Frauen im Sturm eroberte. Jahrzehntelang als Idol gefeiert, musste er in seinem Privatleben so manchen Tiefschlag einstecken.

Hans Albers kam 1891 als Sohn eines Fleischermeistes in Hamburg zur Welt und ließ sich nach einer kaufmännischen Lehre als Schauspieler ausbilden. Das Geld für die Theaterschule zahlte seine Mutter, der Vater durfte nichts davon wissen.

Albers begann eine – anfangs wenig erfolgreiche – Theaterlaufbahn, wurde im Ersten Weltkrieg eingezogen und schwer verwundet. Die Ärzte rieten ihm zur Amputation eines Beines, doch er ließ es nicht zu. Seinen ersten großen Erfolg feierte er als Liliom in Franz Molnárs gleichnamigem Stück – und das, obwohl

Geschichten aus dem Rest der Welt

die Rolle des Prater-Strizzis in der deutschsprachigen Version in Wien spielt. Albers trat in seinem Leben eintausendachthundert Mal als Liliom auf.

Hans Albers' Erfolge sprachen sich natürlich auch in der Flei-scherbranche seines Vaters herum, und so vermeldete die *Flei-scher-Verbands-Zeitung* am 4. Jänner 1932: »Niemals ist in der gan-zen Familie Albers, deren Oberhaupt noch Schlächtermeister in Hamburg war, zuvor ein Tröpfchen Komödiantenblut gewesen. Aber der Aufstieg von Hans Albers liefert nur erneut einen Beweis dafür, welche wertvollen und künstlerisch schöpferischen Kräfte im deutschen Fleischergewerbe ruhen.«

Neben seiner Theaterlaufbahn vom Stummfilm entdeckt, spielte Albers Herzensbrecher, Gangster, skrupellose Verführer und drauf-gängerische Lebemänner. Den Durchbruch erlebte er dank seiner markanten Stimme mit Einführung des Tonfilms. Streifen wie *Hans in allen Gassen*, *Bomben auf Monte Carlo*, *Münchhausen* und *Der Mann, der Sherlock Holmes war* machten ihn zum Publikumsliebling. Darüber hinaus sang er in vielen Filmen Lieder, die zu Ohrwürmern wurden: *Hoppla, jetzt komm ich*, *Jawoll, meine Herrn* oder *Auf der Reeperbahn nachts um halb eins*.

Albers war so angesehen, dass immer wieder angehende Schau-spieler zu ihm kamen, um sich einen Rat zu holen, wie auch sie Kar-riere machen könnten. Einer sagte ein paar Verse auf und stellte die unumgängliche Frage nach seinem Talent. »Mein Junge«, antwor-tete der dem Beruf gegenüber skeptische Hans Albers, »du hast das Zeug zu einem guten Schauspieler, also sei recht fleißig, damit du keiner wirst!«

Seit 1923 war Albers mit der »Halbjüdin« Hansi Burg liiert, was mit der Machtübernahme der Nationalsozialisten zum Problem

Der Mann, der Hans Albers war

Hoppla, jetzt komm ich: Hans Albers, der Schauspieler mit dem unwiderstehlichen Charme

wurde. Der auch von Hitler, Goebbels und anderen Nazigrößen verehrte Albers bestand zunächst auf Fortführung der Beziehung, obwohl auf ihn massiver Druck ausgeübt wurde, diese zu beenden.

Später trennte sich das Paar offiziell, wohnte aber weiterhin heimlich gemeinsam in Albers' Villa am Starnberger See. Hansi Burg heiratete zum Schein einen Norweger, blieb jedoch an der Seite des Publikumslieblings. Als es 1938 zu gefährlich wurde, nützte sie einen Urlaub mit Albers, um über die Schweiz nach England zu flüchten. Nach ihrer Rückkehr 1946 beendete Albers seine zwischenzeitliche Beziehung mit einer anderen Frau und lebte wieder – bis zu seinem Tod – mit Hansi Burg zusammen.

Geschichten aus dem Rest der Welt

Nach dem Krieg litt Albers unter massiven Alkoholproblemen, konnte seine Film- und Theaterkarriere aber dennoch erfolgreich fortsetzen. Mit 68 Jahren brach er während eines Gastspiels in Wien in Carl Zuckmayers Stück *Katharina Knie* mit inneren Blutungen zusammen. Er starb fünf Monate später, am 24. Juli 1960, in einem Sanatorium am Starnberger See.

Aus der Welt der Schriftsteller

Aus der Welt der Schriftsteller

Hofrat und Dichter

Das dramatische Leben des Franz Grillparzer

Zeitgenossen beschreiben ihn als grimmig und menschenscheu, es gibt auch nur wenige Bilder, auf denen er ein einigermaßen freundliches Lächeln zeigt. Nein, Franz Grillparzer hat das Leben nicht leichtgenommen, er hatte aber auch viele Schicksalsschläge zu erleiden. Doch er ist und bleibt Österreichs Nationaldichter und einer der bedeutendsten Dramatiker im deutschen Sprachraum.

Geboren in Wien am 15. Jänner 1791 als Sohn eines Rechtsanwalts, wächst er in einer wohlhabenden Familie auf, die es sich leisten kann, ihn und seine drei Brüder von einem Hofmeister erziehen zu lassen. Doch das großbürgerliche Leben endet jäh, als der Vater stirbt und hohe Schulden hinterlässt. Franz Grillparzer, gerade achtzehn Jahre alt, wohnt plötzlich in armseligen Behausungen und erteilt, um sich und seine Familie ernähren zu können, Nachhilfeunterricht.

Armut und Not bleiben, als er 1813 nach absolviertem Jusstudium k. k. Staatsbeamter wird. Dieser Berufsweg galt in der Zeit des Vormärz zwar als sicher, aber brotlos. Vor allem in den ersten vier Jahren seiner Tätigkeit als Praktikant, die unbezahlt blieben.

Hofrat und Dichter

Grillparzer beginnt nebenbei zu dichten und erregt schon mit seinem ersten großen Stück, *Die Ahnfrau*, das 1817 im Theater an der Wien uraufgeführt wird, Aufmerksamkeit. Es dauert nicht lange, bis das Burgtheater ruft.

Während er für die »Burg« in seiner Wohnung auf der Freyung an dem Drama *Sappho* schreibt, nimmt sich sein jüngster Bruder Adolf im Nebenzimmer das Leben. Zwei Jahre später, 1819, erhängt sich seine mit ihm im selben Haushalt in der Judengasse lebende Mutter, die seit Langem unter Depressionen litt.

Nicht genug damit, hatte sich davor schon sein Bruder Karl bei der Polizei gemeldet, weil er einen Handwerksburschen ermordet haben soll. Karl war des Öfteren wegen kleinerer Delikte mit dem Gesetz in Konflikt geraten und jedes Mal von seinem Bruder, dem Dichter, aufgefangen und unterstützt worden. Der Mord, den Karl Grillparzer angezeigt hatte, wurde nie geklärt – schon weil man an dem von ihm angegebenen »Tatort« keine Leiche fand. Es gibt die Vermutung, dass Karls »Geständnis« ein Suizidversuch war: Hätte man ihm den Mord geglaubt, wäre er zum Tode verurteilt worden.

Trotz all der Widrigkeiten findet Franz Grillparzer Zeit und Muße, an seinem großen literarischen Werk zu arbeiten. Kein Geringerer als Staatskanzler Metternich empfängt ihn – wohl auch, um dem jungen Genie die engen Grenzen der künstlerischen »Freiheit« zu erläutern. Und Grillparzer, ohnehin eher konservativ und der Tradition verpflichtet, bekommt die Zensur am eigenen Leib zu spüren: Sein Trauerspiel *König Ottokars Glück und Ende* wird 1823 von der Zensurbehörde abgelehnt, obwohl es einer Huldigung des Hauses Habsburg gleichkommt. Und dann wird's österreichisch: Als die Frau des Kaisers Franz I. unter starken Zahnschmer-

Aus der Welt der Schriftsteller

zen leidet, lässt sie sich zur Ablenkung Lesestoff aus dem Burgtheater kommen, woraufhin man ihr Grillparzers nicht freigegebenes Drama bringt. Die Kaiserin ist erstaunt, dass ein so patriotisches Stück verboten wurde. Sie berichtet dem Kaiser davon, der schließlich die Freigabe erwirkt. So kommt es am 19. Februar 1825 zur Uraufführung des *König Ottokar*. In einem anderen Fall, beim Drama *Ein treuer Diener seines Herrn*, versucht der Kaiser hingegen selbst mittels privaten Ankaufs die Aufführung zu verhindern.

Obwohl als Schriftsteller überaus erfolgreich, bleibt Franz Grillparzer 43 Jahre lang, bis zu seiner Pensionierung 1856, als Beamter ein treuer Diener seines Herrn.

Johann Philipp Graf Stadion, der seine außergewöhnliche Begabung erkannt hat, holt ihn ins Finanzministerium, wo er es mit den Amtsstunden nicht so genau nimmt, dafür aber großes Theater schafft und das Leben eines mehr oder weniger freiberuflichen Schriftstellers führt, wie Grillparzers Tagebucheintragungen belegen: »18. Februar 1829: Zwei Stunden im Bureau. Vor Tisch: Besuch bei Fröhlichs, nach Tisch: Besuch bei Daffinger.« Und am nächsten Tag: »12 Uhr Mittag ins Bureau. Keine Arbeit vorgefunden.«

Grillparzer wird Hofrat und Direktor des Hofkammerarchivs, bleibt aber auch hier seinem »Nebenberuf« treu: »Ich will die Amtsstunden halten«, notiert er, »will fleißig sein, aber ich nehme mir zugleich vor, jeden Tag im Amtslokale etwas Poetisches zu arbeiten.«

Von der Kritik lange missachtet, dringt in seinen späten Jahren Grillparzers wahre Größe durch. Er wird mit Orden und Ehrendoktoraten überhäuft, wird Mitglied der Akademie der Wissenschaften

Hofrat und Dichter

Ging mit 65 Jahren als Beamter in Pension: Franz Grillparzer

und des österreichischen Herrenhauses und zum Ehrenbürger von Wien ernannt.

Zu den Höhepunkten im Leben Grillparzers – der selbst überaus musikalisch war – zählen seine Begegnungen mit Schubert und Beethoven, in deren Freundeskreis er verkehrte.

Grillparzer bleibt der lebenslange Bräutigam seiner Jugendliebe Katharina »Kathi« Fröhlich, »die zu heiraten ihm der Mut fehlte«, wie es ein Cousin ausdrückte. Oder wie Grillparzer selbst es formulierte: »Ich hätte müssen allein sein können in einer Ehe.«

Von innerer Unruhe getrieben, wechselt der »Untermieter ohne Dienerschaft« im biedermeierlichen Wien ständig seine Unterkünfte, um erst 1849, im Alter von 58 Jahren, in »Kathis« Wohnung im Haus Spiegelgasse Nummer 21 einzuziehen, in der sie mit ihren

Aus der Welt der Schriftsteller

drei Schwestern lebt. Hier stirbt Grillparzer am 21. Jänner 1872 im Alter von 81 Jahren.

Er hinterlässt den Schwestern Fröhlich seinen gesamten Besitz, darunter den literarischen Nachlass, den diese der Stadt Wien übergeben.

Der Dichter geht zur Polizei

Schnitzlers Streit mit dem Hausbesorger

Arthur Schnitzler sitzt auf der Veranda seiner Villa im Wiener Cottage und schreibt. Gedanken an seine im selben Jahr erscheinende *Traumnovelle* mochten ihm durch den Kopf gegangen sein, als er plötzlich durch eine höchst profane Lärmentwicklung aufgeschreckt wird. Aus dem Hof des Nebenhauses in der Sternwartestraße ist lautes Teppichklopfen zu vernehmen. Seit Längerem schon fühlte sich der Dichter durch Geräusche aus der Nachbarschaft belästigt, jetzt aber reißt ihm die Geduld. Schnitzler unterbricht seine Arbeit, um einen Brief aufzusetzen, den er an das Polizeikommissariat in Wien 18 richtet.

»Im Cottage«, beginnt sein mit 12. Juni 1926 datiertes Schreiben, »besteht seit jeher die Unzukömmlichkeit, dass die verschiedenen Hausbewohner zu jeder beliebigen Tageszeit Teppiche und auch Möbel ausklopfen. Da eine polizeiliche Verordnung nicht zu existieren scheint, die das Teppichklopfen und dergleichen auf bestimmte Tagesstunden beschränkt, habe ich zu wiederholtem Male, wenn die Sache für mich (der ich in den Nachmittags- und Abendstunden, im Sommer natürlich bei offenem Fenster, zu arbeiten pflege) allzu unerträglich wurde, in den betreffenden Häusern um Abstellung des lästigen Geräusches ersuchen lassen, ein Ersuchen, dem meistens Folge geleistet wurde.«

»Dass die Hausbewohner zu jeder beliebigen Tageszeit Teppiche ausklopfen«: Arthur Schnitzler fühlt sich in seiner literarischen Tätigkeit gestört.

Prinzipiell sei dies auch bei der Bewohnerin seines Nachbarhauses, Sternwartestraße 73, der Fall gewesen, »aber nur dann, wenn die Hausbesitzerin selbst in Wien anwesend war. Wenn sie jedoch fort ist, lässt sich der im Hause wohnende Hausbesorger auch durch wiederholtes höfliches Ersuchen absolut nicht bestimmen, das Klopfen in den Vormittagsstunden zu beenden. Er erklärt meiner

Aus der Welt der Schriftsteller

Hausgehilfin vielmehr, dass er klopfen könne, wann er wolle und ich habe den Eindruck, dass drüben (aus dem Justament eines Wiener Hausmeistergemütes heraus) die Klopferei öfter, ausdauernder und energischer betrieben wird, als es für die Teppiche und Möbel dringend notwendig ist.«

Schnitzler sah keinen anderen Ausweg, »als die Intervention des Polizeikommissariates anzurufen, in dessen Machtsphäre es wohl liegen dürfte, diesem Unfug, der mich in der Ausübung meines Berufes empfindlich zu stören geeignet ist, vielleicht einfach durch eine Mahnung ein rasches Ende zu machen.«

Gleichzeitig regt der berühmte Schriftsteller an, »ob nicht überhaupt eine Verordnung erlassen werden könne, die das Klopfen im Cottage (wie in anderen Bezirken) auf die Vormittagsstunden beschränkt. Ob es genügen wird, einfach an das Anstandsgefühl der höchst verschiedenartigen Parteien, Hausbesorger und des Dienstpersonals zu appellieren, scheint mir nach meinen Erfahrungen recht zweifelhaft.«

Wie gelingt es nur, nebst solchem Ärger große Literatur zu erschaffen? Immerhin waren hier seit dem Jahre 1910, in dem er das Haus von der Schauspielerin Hedwig Bleibtreu gekauft hatte, zahlreiche seiner Romane, Dramen, Novellen und Erzählungen entstanden. Wie die Auseinandersetzung mit dem benachbarten Hausmeister ausging, ist leider nicht bekannt.

Schnitzler starb in seinem Haus in der Sternwartestraße am 21. Oktober 1931.

»Der alte Mann« war erst siebzehn
Die Entdeckung eines jungen Genies

Die Jugend, sie allein zählt, hat man nur allzu oft den Eindruck. Arbeitsplätze, Freizeitangebote, Fernsehprogramm – alles ist auf junge Menschen ausgerichtet, und viele Ältere fühlen sich dadurch mit vollem Recht zurückgesetzt. Früher war es genau umgekehrt. »Ein achtzehnjähriger Gymnasiast wurde wie ein Kind behandelt, wurde bestraft, wenn er mit einer Zigarette ertappt wurde«, schreibt Stefan Zweig in seinen Erinnerungen *Die Welt von Gestern* über die von ihm in den letzten Jahren der Monarchie verbrachte Lebenszeit.

»Aber auch ein Mann von dreißig Jahren«, hinterließ uns der Schriftsteller und Chronist, »wurde als unflügges Wesen betrachtet, und selbst der Vierzigjährige noch nicht für eine verantwortliche Stellung als reif betrachtet.«

Stefan Zweig dokumentiert das Problem anhand des Beispiels eines genialen Schriftstellerkollegen, der sich hinter einem Pseudonym verstecken musste, weil er selbst dachte, zu jung zu sein, um einen Zeitungsbeitrag veröffentlichen zu können. Der junge Mann hieß Hugo von Hofmannsthal. Und er verfasste mit siebzehn Jahren schon hinreißende Verse, ohne dass irgendjemand davon gewusst hätte.

Und so ergab es sich eines Tages, dass ein Unbekannter unter dem Pseudonym Loris einen Aufsatz an den berühmten Kritiker und Feuilletonisten Hermann Bahr schickte, der damals, im Jahr 1891, eine Literaturzeitschrift herausgab. Nie, sagte Bahr später zu Stefan Zweig, hätte er jemals unter Beiträgen aus aller Welt

Aus der Welt der Schriftsteller

eine Arbeit empfangen, die in so beschwingter, adeliger Sprache solchen gedanklichen Reichtum mit leichter Hand hinstreute.

Wer ist Loris, wer der Unbekannte?, wollte Hermann Bahr wissen. Ein weiser, alter Mann – das schien ihm sicher –, ein Mann, der in Wien lebte und von dem er noch nie gehört hatte. Bahr fand heraus, wie der Unbekannte hieß und lud ihn zu einer Besprechung ins Café Griensteidl am Michaelerplatz.

»Plötzlich«, erinnerte sich Bahr später, »kam mit leichten, raschen Schritten ein schlanker, noch unbärtiger Gymnasiast mit kurzen Knabenhosen an den Tisch, verbeugte sich und sagte mit einer hohen, noch nicht ganz mutierten Stimme knapp und entschieden: ›Hofmannsthal. Ich bin Loris.‹«

Bahr sah ihn an und war sprachlos ob der Jugend des Dichters, denn Derartiges war in jenen Tagen unvorstellbar.

So wurde der Schriftsteller Hugo von Hofmannsthal entdeckt.

Aus dem britischen Königshaus

Hofmannsthal und die Queen

Die Verbindung des Dichters zum britischen Königshaus

Wie jung er bei seiner Entdeckung war, haben wir im vorigen Kapitel erfahren. Wir wissen auch, dass Hofmannsthal mit Max Reinhardt die Salzburger Festspiele gründete. Dass er bedeutende Dramen und den unverwüstlichen *Jedermann*-Klassiker geschaffen hat. Dass von ihm die Libretti zu den wichtigsten Richard-Strauss-Opern stammen. Aber was, bitte sehr, hat Hugo von Hofmannsthal mit dem britischen Königshaus zu tun? Ich nützte einen Wien-Besuch seiner beiden Enkel, um mir die unglaubliche Familiengeschichte erklären zu lassen.

Sie beginnt mit Isaak Löw Hofmann, dem Urgroßvater des Schriftstellers. »Man erzählt sich«, schildert der in London lebende Enkel Octavian von Hofmannsthal, »dass er zu Fuß von Prag nach Wien ging und sich dabei die Schuhe um die Schulter gebunden hat, um das Leder zu schonen. So arm war er.« Isaak wurde in der Haupt- und Residenzstadt ein derart erfolgreicher Seidenfabrikant, dass ihn Kaiser Ferdinand I. im Jahr 1835 »als einen der beiden ersten Juden Österreichs in den Adelsstand erhob«.

Mindestens so interessant wie die Vorfahren sind die Nachkommen des Schriftstellers. Zunächst: Hugo von Hofmannsthal war der Sohn eines Bankdirektors und heiratete 1901 im Alter von 27 Jahren

Isaak Löw Hofmann, der Urgroßvater des Schriftstellers, wurde vom Kaiser geadelt.

die um sechs Jahre jüngere Bankierstochter Gertrud Schlesinger. Das junge Ehepaar bezog ein kleines Barockschloss in Wien-Rodaun, das einst der Gräfin Karoline von Fuchs-Mollard, der Obersthofmeisterin Maria Theresias, gehört hatte. Heute ist das repräsentative Gebäude als Fuchs-, aber auch als Hofmannsthal-Schlössl bekannt.

Gertrud von Hofmannsthal brachte drei Kinder zur Welt, Christiane, Franz und Raimund. Es war Raimund, der den Hofmannsthals durch seine beiden Ehen eine Familiengeschichte bescherte, die uns in allerhöchste Kreise führt.

Aus dem britischen Königshaus

Während sein berühmter Vater, der Schriftsteller, und sein älterer Bruder Franz bereits 1929 verstorben waren, ging Raimund lange vor Hitlers »Anschluss« zuerst in die USA und dann nach England. Später gelang es ihm, seine Mutter nachkommen zu lassen, angeblich, weil der Mann ihres Dienstmädchens SS-Angehöriger war und Gertrud von Hofmannsthal gegen Bezahlung zur Ausreise verhalf. Raimunds Schwester Christiane überlebte die Zeit des Nationalsozialismus in Amerika.

Und so ist Raimund von Hofmannsthal nach Großbritannien gelangt: Max Reinhardt inszenierte 1924 am Century Theatre in New York das Erfolgsstück *The Miracle* und suchte einen Chauffeur, der ihn während der Proben und auch danach vom Hotel ins Theater führen und sonstige Botenfahrten für ihn erledigen würde. Raimund von Hofmannsthal war, wie mir sein Sohn Octavian erzählt, »Österreich zu klein geworden, er wollte nicht in einem Land leben, in dem jeder jeden kannte, noch dazu als Sohn eines berühmten Schriftstellers«.

Raimund wollte in Amerika sein Glück versuchen und nahm, gerade achtzehn Jahre alt geworden, den Posten als Chauffeur an. In der Hoffnung, dem berühmten Tellerwäscher nacheifern zu können, der es zum Millionär brachte.

The Miracle lief allein am Broadway fast ein Jahr lang und wurde für Max Reinhardt und für den Autor des Stücks, den deutschen Schriftsteller Karl Gustav Vollmoeller, ein Riesenerfolg. Vollmoeller sollte später noch zum Kultautor werden, als er 1930 das Drehbuch zu dem Jahrhundertfilm *Der blaue Engel* schuf, für den er Marlene Dietrich als Schauspielerin entdeckt haben soll.

Raimund von Hofmannsthal lernte während seiner Chauffeursdienste für Max Reinhardt den damals schon bekannten

»Ein Land, in dem jeder jeden kannte«: Raimund von Hofmannsthal – hier mit seinem berühmten Vater – arbeitete als Chauffeur Max Reinhardts in den USA.

Karl Gustav Vollmoeller kennen. Dieser wiederum war eng mit John Jacob Astor IV. befreundet gewesen, der durch ein tragisches Schicksal aus dem Leben gerissen wurde: Astor, als Mitbesitzer des Waldorf Astoria Hotels einer der reichsten Männer seiner Zeit, war im Frühjahr 1912 mit der *Titanic* von Southampton nach New York gereist und wurde eines der 1500 Todesopfer

Aus dem britischen Königshaus

des angeblich »sichersten Schiffs der Welt«. Durch den Tod des 47-jährigen Hotelkönigs hatte seine einzige Tochter Alice Astor, die mit ihrer Mutter in London lebte, ein gigantisches Vermögen geerbt.

Alice war gerade dreißig Jahre alt, als sie durch ihren väterlichen Freund Vollmoeller den Österreicher Raimund von Hofmannsthal kennenlernte, sich in ihn verliebte und 1933 heiratete. Karl Gustav Vollmoeller war sowohl mit der Familie Astor als auch mit Hofmannsthal befreundet, dem er in den 1920er-Jahren hinter dem Rücken seines Vaters aus finanziellen Nöten half.

Monetäre Sorgen dürften Hofmannsthal seit der Heirat mit Alice Astor wohl fremd gewesen sein.

Alice war davor schon mit dem russischen Prinzen Sergei Obolensky verheiratet gewesen. Diese Hochzeit war in London *das* gesellschaftliche Ereignis des Jahres 1924 gewesen, doch erfolgte acht Jahre später, nach der Geburt des Prinzen Ivan, die Scheidung.

Alice Astor und Hofmannsthal hatten zwei Kinder, Silvia und Romana, doch auch diese Ehe sollte nicht skandalfrei bleiben. 1936 begann Alice Astors Affäre mit dem bekanntermaßen homosexuellen britischen Choreografen Sir Frederick Ashton. Nach der Scheidung von Raimund Hofmannsthal im Jahr 1939 heiratete Alice zwei weitere, ebenfalls schwule Männer.

Raimund von Hofmannsthal hatte sich's indes nicht verschlechtert, gelangte er doch nach der Astor-Scheidung durch seine zweite Ehe in allerfeinste britische Kreise: Lady Elizabeth Paget war die älteste Tochter der Lady Marjorie und des Lords Charles Paget, 6th Marquess of Anglesey.

»Die schönste Frau
ihrer Generation«:
Elizabeth
von Hofmannsthal
geb. Lady Paget

Charles Paget hatte die Funktion des Lord Chamberlain of the Household und somit einen der ranghöchsten Beamtenposten am britischen Königshof inne. Der jeweilige Lord Chamberlain ist der königliche Kämmerer (*Chamberlain*) beziehungsweise Hofmarschall. Das Amt des Lord Chamberlain existiert seit 1399 und wird stets einem Mitglied der britischen Hocharistokratie übertragen. Der jeweilige Lord Chamberlain verfügt bei Hof über wichtige Koordinations-, Planungs- und Repräsentationsaufgaben. Von 1922 bis zu seinem Tod im Jahr 1947 war Elizabeth Pagets Vater der Lord Chamberlain of the Household der Queen Consort Mary, der Gemahlin des britischen Königs George V.

Aus dem britischen Königshaus

Charles Paget, dessen Ahnen sich bis Heinrich VIII. zurückverfolgen lassen, war auch Mitglied des House of Lords. Wie hoffähig Raimund von Hofmannsthals spätere Frau Elizabeth war, lässt sich auch daran erkennen, dass sie bei der Krönung des Königs George VI. im Jahr 1936 eine der sechs Schleppenträgerinnen der Königin (und späteren Queen Mum) war.

Wie es Raimund von Hofmannsthal als Flüchtling aus dem von Hitler besetzten Österreich gelang, in eine der angesehensten Adelsfamilien des Vereinigten Königreichs einheiraten zu können, erklärte Elizabeth Pagets Onkel John Julius Cooper, 2nd Viscount Norwich (1929–2018) in einem Fernsehinterview so:

Meine Nichte Elizabeth war die schönste Frau ihrer Generation, sie war absolut umwerfend. Als ihre Eltern erfuhren, dass sie den halbjüdischen Bohemien Raimund Hofmannsthal heiraten wollte, waren sie alles andere als begeistert. Elizabeths Eltern dachten eher daran, dass ihre Tochter den Prinzen von Wales heiraten würde. Und so kam meine Tante auf die Idee, mit Elizabeth eine mediterrane Schiffsreise zu unternehmen, in der Hoffnung, dass sie Abstand von Raimund nimmt und vielleicht jemanden anderen trifft.

Aber in jedem Hafen, in dem das Schiff anlegte, stand Raimund mit einem riesigen Blumenstrauß. Er war sehr romantisch veranlagt, einfach zauberhaft. Raimund sprach perfekt Englisch, wenn auch sein ganzes Leben mit stark österreichischem Akzent. Er hatte unendlich viel Charme und hat nie schlecht über jemanden gesprochen. Raimund hatte eine Vorliebe für alles Schöne und strahlte große Eleganz aus. Er war kultiviert, begeisterte sich für Mozart und für Poesie. Und er hatte unend-

Hofmannsthal und die Queen

lich viel Humor. So kam es, dass Raimund von Hofmannsthal durch seine gewinnende Art innerhalb kürzester Zeit vom gefürchteten Verehrer der Tochter zum favorisierten Schwiegersohn wurde. Wir liebten ihn alle sehr.

Raimund, der Österreich nach dem »Anschluss« endgültig den Rücken gekehrt hatte, und Lady Elizabeth heirateten am 7. Juni 1939 in London und bekamen zwei Kinder, Arabella und Octavian von Hofmannsthal – beide nach Opernfiguren ihres Großvaters benannt –, die ich wie erwähnt in Wien traf:

Unser Vater hat Österreich das Verhalten in der Nazizeit nicht verziehen. Er hat nie mehr Deutsch gesprochen, auch mit uns nicht, selbst wenn wir wollten. Da er in erster Ehe mit der Amerikanerin Alice Astor verheiratet war, konnte er im Krieg als GI einrücken. Das muss eigenartig für ihn gewesen sein, als Amerikaner gegen sein eigenes Land Österreich zu kämpfen. Später war er überzeugter Brite, und er wollte, dass wir als richtige Briten aufwachsen. Was für uns in der Schule gar nicht so leicht war, denn mit dem deutschen Namen Hofmannsthal wurde man automatisch für einen Nazi gehalten. Das Einzige, was er uns später dann im Zusammenhang mit Österreich erlaubte, war, nach Salzburg zu fahren und uns den *Jedermann* und die Hofmannsthal-Opern anzusehen, alles andere lehnte er ab. Über seinen Vater Hugo von Hofmannsthal hat er nicht viel erzählt, eigentlich nur, dass er sehr charmant war und viel lachen konnte, aber im Haus absolute Ruhe herrschen musste, wenn er gearbeitet hat.

»*In Großvaters Haus musste absolute Ruhe herrschen*«: Octavian und Arabella von Hofmannsthal, die Enkel des Schriftstellers, April 2022 in Wien

Nun aber gelangen wir zu den verwandtschaftlichen Beziehungen der Hofmannsthals zum britischen Königshaus. Raimunds und Elizabeths Sohn Octavian heiratete Annabel Lee, mit der er zwei Söhne hat: Caspar und Rodolphe von Hofmannsthal. Und Rodolphe ist es, der die altösterreichische Familie mit den Royals in Verbindung brachte: Rodolphe, der in London eine Galerie leitet, heiratete am 2. Dezember 2006 Lady Frances Armstrong-Jones. Sie ist die Tochter von Lord Antony Armstrong-Jones, dem 1. Earl of Snowdon. Dieser war von 1960 bis 1978 mit Prinzessin Margaret, der Schwester Queen Elizabeths II., verheiratet.

Lady Frances Armstrong-Jones ist zwar eine Halbschwester von David und Sarah, den Kindern von Lord Snowdon und Prinzessin Margaret, aber sie sind sich als Geschwister sehr nahe, ebenso wie ihre Familien.

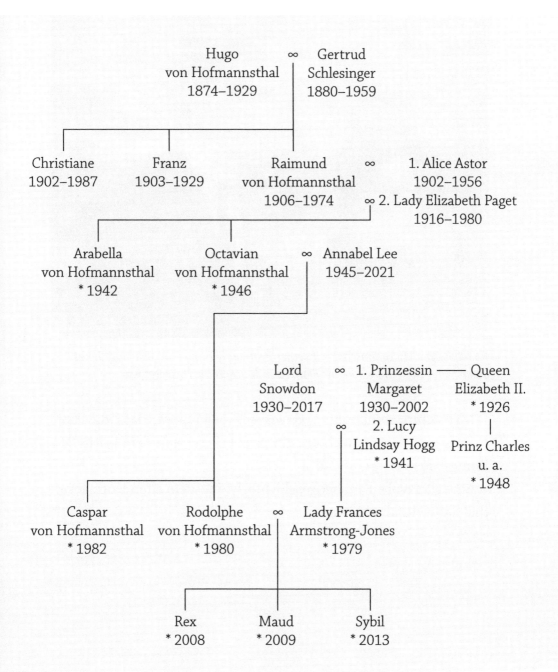

Rodolphe von Hofmannsthal mit seiner Frau Lady Frances Armstrong-Jones, deren Vater Lord Snowdon mit Prinzessin Margaret verheiratet war

Man kann somit guten Gewissens behaupten, dass die Hofmannsthals – wenn auch um ein paar Ecken – mit dem britischen Königshaus verwandt sind.

Eine glanzvolle Familiengeschichte, wie sie dem alten Hofmannsthal hätte einfallen können.

Der Mann, der sich ans Bett der Queen setzte

Nächtlicher Einbrecher im Buckingham Palace

Man schrieb den frühen Morgen des 9. Juli 1982, Königin Elizabeth II. schlief noch, als sie von der Stimme eines Fremden geweckt wurde. Sie glaubte ihren Augen nicht trauen zu können, denn der Mann stand neben ihrem Bett und versuchte mit ihr ins Gespräch zu kommen.

Michael Fagan, so hieß der damals 33-jährige Maler und Dekorateur aus London, war kurz davor von seiner Frau verlassen worden, wodurch er auch den Kontakt zu seinen vier Kindern verloren hatte. Darüber und dass er gerade keinen Job hatte, wollte er mit der höchsten Repräsentantin des Königreichs reden.

Die Queen erkannte die Gefahr und drückte unbemerkt einen unter ihrem Bett versteckten Alarmknopf, der die Palastwache verständigen sollte. Doch die Klingel war, wie sich herausstellte, defekt. So blieb Elizabeth II. nichts anderes übrig, als sich mit dem Mann an einen nahen Tisch zu setzen und zehn lange Minuten über seine psychischen Probleme zu sprechen.

Glücklicherweise war der Eindringling ein harmloser Zeitgenosse, der der Queen weder Gewalt antun, noch etwas stehlen wollte.

Später wurde rekonstruiert, wie er in die Privatgemächer der Majestät gelangen konnte. Dass er es direkt ins königliche Schlafgemach schaffte, war auf jeden Fall eine Aneinanderreihung geradezu unglaublicher Widrigkeiten: Fagan war bereits einmal nachts in den Palast eingedrungen, doch hielt sich die Queen damals in einem anderen ihrer Schlösser auf. Beim zweiten Versuch gelangte er unbemerkt über eine Umzäunung in den Vorhof des königlichen Anwe-

Aus dem britischen Königshaus

sens, von dem er über eine Regenrinne in den zweiten Stock kletterte, um dann durch ein offenes Fenster in den Palast zu steigen. Sämtliche Alarmanlagen waren defekt oder nicht aktiviert und ein Dienstmädchen, dem er auf einem Gang begegnete, dachte, Fagan sei ein Mitarbeiter des Hauses. In einem der vielen Räume, die der Mann durchquerte, stand eine Flasche Rotwein, die er austrank. Dabei zerbrach ein Aschenbecher, wodurch er sich eine Schnittwunde zuzog.

Der Wachebeamte, der vor der Tür des Zimmers der Königin stehen sollte, führte gerade deren Hunde aus. So gelangte Fagan mit etwas Glück direkt in das Schlafgemach Elizabeths II., in dem es zu dem Gespräch über seine persönlichen Probleme kam. In fremde Wohnungen einzudringen, bereitete ihm kein Problem, wurde doch sein Vater schon als »König der Schlossknacker« bezeichnet.

Nach zehn Minuten betrat ein Hausmädchen, das das Frühstück brachte, den Raum, in dem Michael Fagan mit der Queen beisammensaß. Sie informierte die Polizei, die ihn schließlich festnahm.

Fagan wurde nur wegen des Diebstahls der Weinflasche angeklagt – und freigesprochen. Seither lebt er als friedlicher Pensionist in London. Das Sicherheitssystem im Buckingham Palace wurde nach dem Vorfall erneuert.

Gute Idee!

Prinz Charles oder Mistelbach?
Auf einen Plausch mit dem Thronfolger

Es war Mitte/Ende März 2017, da erhielt ich einen Anruf der Präsidentschaftskanzlei, in dem mir mitgeteilt wurde, dass mich der Herr Bundespräsident zu einem Abendessen einlädt, das am 5. April zu Ehren des britischen Thronfolgers, Prinz Charles, und seiner Frau, der Herzogin von Cornwall, in der Wiener Hofburg gegeben würde. Ob ich denn Zeit hätte. Ich sah in meinem Kalender nach und musste feststellen, dass ich an diesem Abend eine Lesung in Mistelbach hatte und daher zu meinem großen Bedauern absagen müsste. Damit schien die Sache für mich erledigt zu sein.

Da hatte ich aber die Rechnung ohne meine Frau gemacht, denn als ich ihr von der Terminkollision erzählte, fragte sie mich, ob ich verrückt geworden sei, man könne doch nicht wegen einer Lesung in Mistelbach ein Abendessen mit dem britischen Thronfolgerpaar absagen. »Ja, was soll ich denn tun?«, entgegnete ich, »ich hab die Lesung schon vor Monaten vereinbart und kann jetzt nicht absagen – Mistelbach hin oder her.«

Meine Frau gab nicht auf. »Dann musst du eben in Mistelbach anrufen und sagen, dass du aus irgendeinem Grund nicht kommen kannst und die Lesung verschieben möchtest.«

Weitere Einwände meinerseits waren zwecklos, also rief ich mit schlechtem Gewissen im Café Harlekin in Mistelbach an, wo die Lesung stattfinden sollte, und hatte die Tochter des Besitzers am Apparat. Die glaubte nicht richtig zu hören, die Einladungen seien schon verschickt und viele hätten zugesagt, das Lokal werde voll sein. »Unmöglich, das können Sie nicht verschieben. Tut mir leid.«

Auf Anraten meiner Frau versuchte ich daraufhin ein Gespräch mit dem Kaffeehausbesitzer selbst zu führen – der sich noch dazu gerade in Thailand aufhielt. Ich erreichte ihn auf seinem Handy, schilderte ihm – ohne Prinz Charles zu erwähnen – den Fall, und der gute Mann war sehr entspannt. »Na ja, wenn Sie an diesem Tag nicht können, dann machen wir die Lesung halt an einem anderen Tag. In Mistelbach kennt jeder jeden, ich ruf die Leute einfach an und Sie kommen eine Woche später.«

Ich meldete mich daraufhin in der Präsidentschaftskanzlei und erklärte, nun doch an dem Dinner für Charles und Camilla teilnehmen zu können.

Und dann kam der Abend des 5. April 2017, an dem ich tatsächlich in der Wiener Hofburg einen Plausch mit Prinz Charles haben sollte.

Seither wurde ich sehr oft gefragt, was ich denn mit dem britischen Thronfolger gesprochen hätte. Und warum das Foto mit dem Sohn der Queen ausgerechnet vom damaligen Bundeskanzler Christian Kern geschossen wurde.

Bundespräsident Alexander Van der Bellen hatte rund hundert Personen zu dem Empfang mit den Royals in die Wiener Hofburg geladen. Ich wurde eigens darauf hingewiesen, dass ich nicht als Journalist, sondern als Schriftsteller gebeten sei. In der Tat war an dem Abend außer mir kein Journalist anwesend. Und auch der einzige zugelassene Fotograf musste noch vor Beginn des Empfangs die Hofburg verlassen.

Das Eintreffen von Charles und Camilla war für 20 Uhr angesetzt,

Prinz Charles oder Mistelbach?

die anderen Gäste wurden gebeten, spätestens um 19.45 Uhr zu erscheinen. Nach ihrem dichten Programm am Nachmittag verspäteten sich Charles und Camilla um eine Viertelstunde.

Dann aber öffnen sich wie von Geisterhand die Türen zur Geheimen Ratsstube der Wiener Hofburg und der Bundespräsident geleitet seine hohen Gäste in den prunkvollen Raum. Alles erhebt sich von den Stühlen, dann nehmen Prinz Charles und Herzogin Camilla ihre Plätze ein.

Der Bundespräsident und Charles halten freundliche Ansprachen, der Prince of Wales holt sein bestes Deutsch hervor und betont die guten Beziehungen der beiden Länder. Tafelspitz, Wildsaibling und Marillenstrudel werden aufgetischt und munden. Ich habe das Glück, an der langen Tafel zwischen den charmanten Damen Danielle Spera und Sacher-Chefin Alexandra Winkler-Gürtler zu sitzen. Man spricht über Großbritannien und den – in den offiziellen Reden nicht erwähnten, damals bereits in die Wege geleiteten – Brexit.

Nach der Mehlspeis' gibt's Musik von Mozart und Johann Strauss, dargebracht von vier Mitgliedern der Wiener Philharmoniker. Dann werden die Gäste zum Kaffee in einen Nebenraum gebeten.

»Ihre königlichen Hoheiten werden sich mit den Anwesenden unterhalten«, wurde uns schon im Vorfeld mitgeteilt. Und tatsächlich. Ich beobachte, wie sich das Paar locker mit Gästen unterhält und von seiner besten Seite zeigt. Ohne es auszusprechen, möchte der Thronfolger ganz offensichtlich den Eindruck vermitteln: »Auch wenn wir in knapp drei Jahren nicht mehr in der EU sind, wir gehören zu Europa und damit auch zu Österreich.«

Und dann geschieht das Unglaubliche. Bundeskanzler Christian Kern kommt auf mich zu, spricht mich auf meine Bücher und

Kolumnen an und fragt, welches das nächste Thema sei. Dann erzählt er mir, dass Herzogin Camilla – die bei dem eben zu Ende gegangenen Abendessen seine Tischnachbarin war – zu ihm gesagt hatte, dass sie von den vielen »Selfies«, wo immer sie hinkäme, nicht gerade begeistert sei. »Wenn man so oft fotografiert wird wie sie«, erwidere ich, »kann ich das verstehen. Andererseits verstehe ich auch die Leute, die mit ihr oder dem Prinzen fotografiert werden wollen.«

Just in diesem Moment nähert sich uns der von mehreren Gästen umringte Prinz Charles. Der Bundeskanzler stellt mich dem Thronfolger als Autor vor, der über historische, meist österreichische Themen schreibt. Und schon bin ich mit dem Prinzen in ein Gespräch vertieft. Charles zeigt ehrliches Interesse für Österreichs Geschichte.

Während ich mit dem Prinzen spreche, zeigt der Bundeskanzler – auf unser voriges Thema Bezug nehmend – auf eines der vielen Handys, die in dem grün tapezierten Festsaal umherschwirren und fragt mich mit einem Fingerzeig, ob er von Charles und mir ein Foto machen solle.

Er muss die unausgesprochene Frage nicht zweimal stellen, ich hole mein Handy aus der Sakkotasche, reiche es dem Bundeskanzler und der drückt ein paar Mal ab.

Und das alles, während ich mit dem Prinzen spreche, denn der Plausch ist zu diesem Zeitpunkt noch in vollem Gange. Es war mir nämlich ein Anliegen, die Gelegenheit wahrzunehmen, einem Mitglied des Königshauses sagen zu können, dass ich Großbritannien zutiefst dankbar bin, weil meine Mutter und andere Angehörige meiner Familie in der Zeit des Nationalsozialismus dort überlebt haben, und dass ich ohne die Großherzigkeit seines Landes womöglich gar nicht hier stehen würde. Charles zeigt sich berührt, stellt noch ein paar Fragen bezüglich meiner Familie und erklärt, stolz zu sein, dass England damals helfen konnte.

»Wir sind stolz, dass wir damals helfen konnten«: Schnappschuss mit Prinz Charles in der Wiener Hofburg, April 2017

Das Gespräch hat alles in allem vielleicht vier oder fünf Minuten gedauert, ehe sich der Thronfolger – ganz britischer Gentleman – höflich verabschiedet und ihm weitere Gäste vorgestellt werden.

Ich neige nicht zu sentimentaler Prinzenverehrung. Aber ich muss zugeben, dass mich dieser Mann in seiner ruhigen, überlegten und liebenswürdigen Art beeindruckt hat.

Es kam, wie es kommen musste. Eine Woche später absolvierte ich meine Lesung in Mistelbach. Die Leute dort hatten mittlerweile aus

Aus dem britischen Königshaus

der Zeitung erfahren, dass ich an besagtem Abend Prinz Charles getroffen hatte. Keiner war böse, im Gegenteil, alle wollten wissen, wie er denn so sei, der Prinz, worauf ich gerne einging.

Und so hat die ganze Geschichte für alle Beteiligten ein gutes Ende genommen. Außer für den Prinzen vielleicht, das weiß ich nicht so genau.

Quellenverzeichnis

Federico von Berzeviczy-Pallavicini, *Die k. k. Hofzuckerbäckerei Demel, Ein Wiener Märchen,* Wien 1976.

Charles Chaplin, *Die Geschichte meines Lebens,* Frankfurt am Main 1964.

Egon Caesar Conte Corti, *Elisabeth, Die seltsame Frau,* Graz 1934.

Elias Canetti, *Das Augenspiel, Lebensgeschichte 1931–1937,* München-Wien 1985.

Stan Czech, *Franz Lehár, Sein Weg und sein Werk,* Wien 1948.

Felix Czeike, *Historisches Lexikon Wien,* Wien 1994.

Dehio Wien, Die Kunstdenkmäler Österreichs, Wien 1996.

Alan Dershowitz, *Die Affäre der Sunny von B., Nahaufnahme einer Familie: der Von-Bülow-Skandal,* Zürich 1990.

Wolfgang Dosch, *Franz Lehár und sein Rastelbinder, Operetten-Arisierung und »braune Nachrede«,* in: *Dein ist mein ganzes Herz, Ein Franz-Lehár-Lesebuch,* hrsg. von Heide Stockinger und Kai-Uwe Garrels, Wien-Köln-Weimar 2020.

Wolfgang Dosch, *Schweig' zagendes Herz, Franz Lehár und die »1000 Jahre« seines letzten Lebensjahrzehnts* in: *Neues Leben, Das Magazin für Strauss-Liebhaber und Freunde der Wiener Operette,* Coburg 2021.

Günther Eisenhuber (Hrsg.), *Privat, Aus dem Alltag der Dichter und Denker,* Salzburg 2004.

Franz Endler, *Immer nur lächeln ... Franz Lehár, Sein Leben – Sein Werk,* München 1998.

Stefan Frey, *Franz Lehár, Der letzte Operettenkönig, Eine Biografie,* Wien 2020.

Bernhard Grun, *Gold und Silber, Franz Lehár und seine Welt,* München-Wien 1970.

Ernst Haeusserman, *Das Wiener Burgtheater,* Wien-München-Zürich 1975.

Brigitte Hamann (Hrsg.), *Die Habsburger, Ein biographisches Lexikon,* Wien 1988.

Quellenverzeichnis

Brigitte Hamann (Hrsg.), *Kaiserin Elisabeth, Das poetische Tagebuch*, 2. Auflage 1987, Wien 1984.

Gerd Holler, *Sophie, die heimliche Kaiserin*, Augsburg 2004.

Hanns Jäger-Sunstenau, *Johann Strauss, Der Walzerkönig und seine Dynastie*, Wien 1965.

Gerd Kaminski, *General Luo genannt Langnase, Das abenteuerliche Leben des Dr. med. Jakob Rosenfeld*, Wien 1993.

Gerd Kaminski, Else Unterrieder, *Von Österreichern und Chinesen*, Wien-München-Zürich 1980.

Stasi Lohr, *»Im Prater blühn wieder die Bäume ...«, Das Wienerlied*, Wien-München 1988.

Georg Markus, *Adressen mit Geschichte, Wo berühmte Menschen lebten*, Wien 2005.

Georg Markus, *Die Hörbigers, Biografie einer Familie*, Wien 2006.

Anton Mayer, *Franz Lehár – Die lustige Witwe, Der Ernst der leichten Muse*, Wien 2005.

Leo Mazakarini, Andreas Augustin, *Hotel Sacher Wien*, Wien 1994.

Alfred Paleczny, *Die Wiener Brauherren, Das goldene Bierjahrhundert*, Wien 2014.

Gustav Peichl, *Der Doppelgänger*, aufgezeichnet von Robert Fleck, Wien-Köln-Weimar 2013.

Werner Pfister, *Fritz Wunderlich, Eine Biografie*, Mainz 2010.

Stephan Pflicht, *Robert Stolz Werkverzeichnis*, München-Salzburg 1981.

Pia Maria Plechl, *Heinrich von Ferstel*, in: Thomas Chorherr (Hrsg.), *Große Österreicher*, Wien 1985.

Marcel Prawy, *Johann Strauß, Weltgeschichte im Walzertakt*, Wien-München-Zürich 1975.

Oliver Rathkolb, *Schirach, Eine Generation zwischen Goethe und Hitler*, Wien-Graz 2020.

Walter Rauscher, *Karl Renner, Ein österreichischer Mythos*, Wien 1995.

Otto Schneidereit, *Franz Lehár*, Innsbruck 1984.

Richard Schickel, *Marlon Brando, Tango des Lebens*, München 1992.

Franz Xaver Seidl, *Deutsche Fürsten als Dichter und Schriftsteller, Mit einer*

Quellenverzeichnis

Auswahl ihrer Dichtungen, Von den Hohenstaufen bis zur Gegenwart, Ein Beitrag zur deutschen Litteraturgeschichte, Regensburg 1883.

Timothy Snyder, *Der König der Ukraine, Die geheimen Leben des Wilhelm von Habsburg.* Aus dem Englischen von Brigitte Hilzensauer, Wien 2009.

Josef Staribacher, *Tagebücher 1970–1983*, Bruno Kreisky Archiv, Wien. https://staribacher.acdh.oeaw.ac.at

Robert und Einzi Stolz, *Servus Du, Robert Stolz und sein Jahrhundert*, München 1980.

Jürgen Trimborn, *Johannes Heesters, Der Herr im Frack, Biografie*, Berlin 2005.

Rudolf Ulrich, *Österreicher in Hollywood*, Wien 2004.

Jacqueline Vansant, A Habsburg Archduke in Hollywood! Botstiber Institute for Austrian-American Studies, 2019.

Friedrich Weissensteiner (Hrsg.), *Die österreichischen Bundespräsidenten, Leben und Werk*, Wien 1982.

Stefan Zweig, *Die Welt von Gestern, Erinnerungen eines Europäers*, Berlin 2013.

Text- und Bildnachweis

Bildnachweis

bpk-Bildagentur/Hanns Hubmann (21), Privatarchiv Walter Riegler (25, 26, 32, 35, 39, 42, 43, 46, 48, 49), Privatarchiv Dorothea Quidenus (28, 51, 54, 55, 57, 59), ORF/Angela Ries (37), Scolik, Karl Wien/ÖNB-Bildarchiv/picturedesk.com (67), akg-images/picturedesk.com (76/77, 225), Archiv Amalthea Verlag (84, 87, 98, 160, 267), Royalty/TopFoto/picturedesk.com (91), AP/picturedesk.com (101), dpa/picturedesk.com (104), Wikimedia Commons/Library of Congress (106), Votava/brandstaetter images/picturedesk.com (115, 143 unten, 145 rechts, 147 unten, 151 rechts, 159, 204, 208), KURIER/Fritz Klinsky (121), Klinsky Fritz/KURIER/picturedesk.com (125), Barbara Pflaum/brandstaetter images/picturedesk.com (135), Knorr + Hirth/SZ-Photo/picturedesk.com (137), Privatbesitz Margarethe Leputsch (141), Georg Markus (143 oben, 151 links, 280), Michaela Nemeth (145 links), Weber, Harry/ÖNB-Bildarchiv/picturedesk.com (147 oben), Science Photo Library/picturedesk.com (152), Privatbesitz Markus Spiegelfeld (154 links), Wikimedia Commons/Foto: Peter Geymayer (154 rechts, 265, 273), KURIER/Franz Gruber (156 links), Wikimedia Commons/Franz Johann Morgenbesser/CC BY-SA 2.0 (156 rechts), Österreichische Lichtbildstelle/ÖNB-Bildarchiv/picturedesk.com (164), United States Information Service/ÖNB-Bildarchiv/picturedesk.com (166), ANNO/Österreichische Nationalbibliothek (171), Österreichisches Institut für China- und Südostasienforschung (175), Archiv Ch. Demel's Söhne (177), Bruno Völkel (180), Amalthea Verlag (183, 223, 228), Privatbesitz Othmar Koresch (185, 189), ÖNB-Bildarchiv/picturedesk.com (187, 229), Breuer Jacques/Action Press/picturedesk.com (195), Ullstein – Roehnert/Ullstein Bild/picturedesk.com (200), Roehnert/Ullstein Bild/

Text- und Bildnachweis

picturedesk.com (213), Jeff Mangione/KURIER/picturedesk.com (215), General/TopFoto/picturedesk.com (217), Alexander Korb-Weidenheim (226), Marie-Theres Arnbom (227), Wien Museum/brandstaetter images/picturedesk.com (231), Familienarchiv Dr. Eduard Strauss (233 links), Wien Museum/Online Sammlung/Inv.-Nr. 51505/CC0 (233 rechts), Gerhard Rauchwetter/dpa/picturedesk.com (236), Wikimedia Commons (244), WADE BYARS/AFP/picturedesk.com (250), Courtesy Everett Collection/Everett Collection/picturedesk.com (253), Wikimedia Commons/Piotr Flatau/CC BY-SA 3.0 (256), Horst Janke/akg-images/picturedesk.com (259), Freies Deutsches Hochstift/Frankfurt am Main/Hs-Foto-ID 0458 (275), National Portrait Gallery, London (277), JUSTIN TALLIS/AFP/picturedesk.com (282), Christian Kern (289)

Creative Commons:
https://creativecommons.org/licenses/by-sa/2.0/deed.en
https://creativecommons.org/licenses/by-sa/3.0/deed.en

Der Verlag hat alle Rechte abgeklärt. Konnten in einzelnen Fällen die Rechteinhaber der reproduzierten Bilder nicht ausfindig gemacht werden, bitten wir, dem Verlag bestehende Ansprüche zu melden.

Textnachweis

Auszug aus Elias Canettis »Das Augenspiel« auf Seite 150:
Elias Canetti, Das Augenspiel. Lebensgeschichte 1931–1937 © 1985 Carl Hanser Verlag GmbH & Co. KG, München
Abdruck mit freundlicher Genehmigung des Verlages

Namenregister

Achleitner, Friedrich
155
Albers, Hans 257–260
Alexander, Hilde (geb.
Haagen) 193–195
Alexander, Peter 16,
192–196
Alfons XIII., König von
Spanien 67
Almassy, Susanne 179
Andress, Ursula 251,
254f.
Androsch, Hannes 120,
128–130
Angeli, Pier 255
Antel, Franz 137
Aristoteles 152
Armstrong-Jones,
Antony, 1. Earl of
Snowdon 280, 282
Armstrong-Jones,
David, 2. Earl of
Snowdon 280
Ashton, Frederick 276
Astor, Alice 276, 279
Astor IV., John Jacob
275

Bahr, Hermann 269f.
Balser, Ewald 205
Bauer, Otto 117
Beethoven, Ludwig van
265
Benatzky, Ralph 142f.,
157f.
Benedikt, Ernst 155
Benedikt, Moriz 155
Bergman, Ingrid 209
Bernstein, Leonard
213, 243
Berzeviczy-Pallavicini,
Federico Baron 178
Bismarck, Otto von
79
Blanka, Prinzessin von
Bourbon-Kastilien,
Erzherzogin 89f.
Bleibtreu, Hedwig
268
Böhm, Karl 15, 151
Böhm, Karlheinz 151
Borsky, Michael 18
Bösendorfer, Ludwig
170
Bottesch, Magda 199

Brahms, Johannes
225
Brando, Cheyenne
246–251
Brando, Christian 17,
246–252
Brando, Marlon 17,
246–252, 255
Brando, Tuki 250
Brion, Friederike 36
Bruckner, Anton 225
Buchbinder, Rudolf
194
Bülow, Claus von 14f.,
103–105
Bülow, Cosima von
(später Wagner)
105f.
Bülow, Hans von 105f.
Bülow, Heinrich von
107
Bülow, Martha von
(»Sunny«, geb.
Crawford) 14,
103–105
Bülow, Vicco von
(Loriot) 15, 105, 107

Namenregister

Bülow Pavoncelli,
  Cosima von 103f.
Burg, Hansi 258f.

Camilla, Herzogin
  von Cornwall 285–
  288
Canetti, Elias 15, 149,
  203
Capone, Al (Alphonse
  Gabriel) 14, 98–102
Capone, Frank 102
Carl Theodor, Herzog
  in Bayern 73, 75
Castelli, Ignaz 162
Chaplin, Charles sen.
  244
Chaplin, Charlie 17,
  242–246
Chaplin, Hannah
  244
Chaplin, Oona (geb.
  O'Neill) 243, 245
Charles, Prinz von
  Wales 17f., 285–290
Chatto, Sarah 280
Chevalier, Maurice
  67
Close, Glenn 105
Coburn, Alice 92
Colosimo, Giacomo
  (»Big Jim«) 100
Cooper, John Julius,

2nd Viscount Norwich
  278
Cuchet, Jeanne 97

Dean, James 17,
  252–257
Degischer, Vilma
  177–179
Dehne, August 176
Delug, Alois 148–150
Demel, Anna (geb.
  Siding) 16, 176–178
Demel, Christoph 176
Demel, Josef 176
Demel, Karl 176
Demel, Klara 178
Dershowitz, Alan
  Morton 104
Dietrich, Marlene 251,
  274
Dittrich, Angelika
  (»Lili«) siehe Strauss,
  Angelika
Dosch, Wolfgang 18, 31
Dreher, Anton jun.
  168–172
Dreher, Anton sen.
  168
Dreher, Eugen 172
Dreher, Franz 168
Dreher, Oskar 172
Dreher, Theodor 172
Drollet, Dag 246–250

Eccher, Roman 18
Eckhardt, Fritz 16, 179,
  192, 198–201
Eckhardt, Hilde 198,
  200
Eckhardt, Viktor 199
Edward VIII., König des
  Vereinigten
  Königreichs 67
Einstein, Albert 152,
  201, 243
Elisabeth, Kaiserin von
  Österreich (»Sisi«)
  14, 71–86, 176
Elizabeth II., Königin
  des Vereinigten
  Königreichs 280,
  283f., 286
Elizabeth (»Queen
  Mum«), Königin des
  Vereinigten
  Königreichs 278
Eysler, Edmund 142,
  158

Fagan, Michael 283f.
Fairbanks, Douglas 245
Felder, Cajetan 168
Ferdinand I., Kaiser
  von Österreich 272f.
Ferenczy, Ida 72
Ferstel, Heinrich von
  153f.

Ferstel, Max von 153
Fichtenau, Heinrich 78
Figl, Anneliese 15, 18, 110–115
Figl, Hilde (geb. Hemala) 111f.
Figl, Johannes 111f.
Figl, Leopold 15, 110–118
Fischer, Heinz 122
Fließ, Wilhelm 160
Föderl, Karl 158
Ford, John 91
Franz II./I., Kaiser des Heiligen Römischen Reichs/Kaiser von Österreich 263f.
Franz Joseph I., Kaiser von Österreich 72–75, 79–83, 85, 89, 139, 163, 170f., 226, 263f.
Freud, Anna 160f.
Freud, Sigmund 160f., 222
Frey, Stefan 40
Friedrich von Österreich-Teschen, Erzherzog 170
Friedrich, Elisabeth 18
Frischenschlager, Friedhelm 126

Fröhlich, Katharina 264–266
Fronius, Hans 148
Frühbauer, Erwin 121
Fuchs-Mollard, Karoline Gräfin 273

Gedda, Nicolai 239
George V., König des Vereinigten Königreichs 277
George VI., König des Vereinigten Königreichs 278
Getty, Jean Paul 103
Ghijs, Wiesje 197
Gilbert, Robert 157
Girardi, Alexander 234
Glinz, Theresia 13, 30f., 33, 48, 50, 60f.
Göbl, Michael 18
Gödel, Adele 152
Gödel, Kurt 152f.
Goebbels, Joseph 44f., 259
Goethe, Johann Wolfgang von 36
Gorbach, Alfons 118
Gratz, Leopold 128
Griffith, David Wark 245

Grillparzer, Adolf 262f.
Grillparzer, Franz 17, 262–266
Grillparzer, Karl 262f.
Gruber, Karl 117

Haagen, Hilde siehe Alexander, Hilde
Habsburg, Otto von 68f., 83f.
Haeusserman, Ernst 180
Hamann, Brigitte 78f.
Hauptmann, Gerhart 209
Häuser, Rudolf 120
Heesters, Johannes 16, 138, 192, 195–197, 199
Heesters, Nicole 197
Heesters, Wiesje 197
Hein, Karl 181–186, 188
Hein, Maria (verh. Koresch) 188
Heine, Heinrich 71
Heinrich VIII., König von England 278
Henry, Clarissa 18, 156, 158
Herzer, Ludwig 36
Heumann, Konrad 18

Namenregister

Hitler, Adolf 44f., 69, 113, 117, 148f., 155, 182, 242, 245, 259, 274, 278
Höbling, Franz 47
Hoff, Hans 147
Hofmannsthal, Arabella von 18, 279–281
Hofmannsthal, Caspar von 280f.
Hofmannsthal, Christiane von 273f., 281
Hofmannsthal, Elizabeth von (geb. Lady Paget) 276–281
Hofmannsthal, Frances von (geb. Armstrong-Jones) 280–282
Hofmannsthal, Franz von 273f., 281
Hofmannsthal, Gertrud von (geb. Schlesinger) 273f., 281
Hofmannsthal, Hugo von 17, 180, 269f., 272–276, 279–282
Hofmannsthal, Isaak Löw Hofmann von 272f.

Hofmannsthal, Maud von 281
Hofmannsthal, Octavian von 18, 272, 274, 279–281
Hofmannsthal, Raimund von 273–276, 278–281
Hofmannsthal, Rex von 281
Hofmannsthal, Rodolphe von 280–282
Hofmannsthal, Romana von 276
Hofmannsthal, Silvia von 276
Hofmannsthal, Sybil von 281
Hogg, Lucy Lindsay 281
Holaubek, Josef 165
Holt, Hans 179
Homan, Reinoud 211f.
Hoover, John Edgar 243
Hörbiger, Attila 16, 144f., 148, 192, 201, 204–207, 209f.
Hörbiger, Christiane 144, 207
Hörbiger, Maresa 144, 207

Hörbiger, Paul 16, 134, 136f., 192, 199, 201–206
Howard, Joe 98
Hudson, Rock 255

Innitzer, Theodor 113
Irons, Jeremy 105
Izoret, Jeanne 96

Jiresch, Roland 120
Johann I., König von Sachsen 73
Jonas, Franz 124
Joseph II., Kaiser des Heiligen Römischen Reiches 162
Jürgens, Udo 16, 216–219

Kaiser, Joachim 210
Kaluga, Katja 18
Kaminski, Gerd 175
Karajan, Herbert von 239
Karl I., Kaiser von Österreich 68, 83, 89
Karl Albrecht, Erzherzog 65
Karl Stephan, Erzherzog 64–66

Namenregister

Karoline Auguste, Kaiserin von Österreich 263f.
Kashfi, Anna 247f.
Kasimir, Luigi 149
Kazan, Elia 251, 255
Kelly, Grace 103
Kern, Christian 18, 286–288
Kirchschläger, Rudolf 124–127
Klaus, Josef 131
Knepler, Paul 27
Knorr, Baronin 15, 139–141
Knuth, Gustav 199
Köhler, Brigitta 18, 217–219
Kolig, Anton 148
Koller, Dagmar 18, 158
König, Franz 120
Koren, Stephan 123
Korény, Béla 216
Koresch, Othmar 18, 181, 188
Körner, Theodor 15, 145–148
Krahl, Hilde 199
Kraus, Karl 155, 167
Krauß, Werner 205
Kreisky, Bruno 15, 119–131
Kreisky, Paul 127

Kreuzer, Erich 60
Kreuzer, Hermine 18, 60
Kuh, Anton 143

Landru, Henri Désiré 14, 96–98
Le Corbusier 155
Lee, Annabel 280f.
Lehár, Anton 48f., 60
Lehár, Franz 13f., 16, 20–61, 212
Lehár, Sophie (geb. Paschkis) 22, 24, 31, 34f., 40, 44f., 47, 50f., 53, 58
Leithe, Erika (geb. Aichinger) 51
Leithe, Gertrud (»Geri«) 14, 20–57, 59–61
Leithe, Karoline 52
Leithe, Margarethe (geb. Metz) 23, 33, 36f., 43, 50–52, 54, 56f.
Leithe, Rudolf 23, 33, 37, 50f., 54, 56, 60f.
Léon, Victor 45
Leopold II., Kaiser des Heiligen Römischen Reiches 90

Leopold II., König der Belgier 14, 86–89
Leopold von Österreich-Toskana, Erzherzog 14, 89–93
Leopold Salvator von Österreich-Toskana, Erzherzog 89f.
Leputsch, Margarethe 18, 140
Liechtenstein, Fürst 170
Lindner, Robert 16, 179f.
Lingen, Theo 138
Liszt, Franz 105f.
Löhner-Beda, Fritz 27, 29, 36, 45
Lónyay, Elemér Fürst 89
Loriot siehe Bülow, Vicco von
Lucheni, Luigi 86
Ludwig I., König von Bayern 73
Ludwig II., König von Bayern 75, 80
Ludwig, Herzog in Bayern 75, 78
Lueger, Karl 169, 229
Luger, Franz 18, 150
Lugger, Alois 125
Lukits, Josef 15, 166f.

Namenregister

Mahler, Gustav 229
Mann, Thomas 243
Margaret, Prinzessin,
  Countess of
  Snowdon 280–282
Maria Theresia,
  Erzherzogin 162, 273
Maria Theresia,
  Prinzessin der
  Toskana 64f.
Marie Valerie,
  Erzherzogin 74, 79f.
Martos, Ferenc 34
Mary, Königin des
  Vereinigten
  Königreichs 277
Maurer, Andreas 125
Maximilian, Kaiser von
  Mexiko 73, 90
Maximilian II., König
  von Bayern 73
McCarthy, Joseph 243,
  245
McKenna, Mary 248
Meichl, Katharina 169
Meinrad, Josef 179
Merkel, Gregor 18
Metternich, Klemens
  Wenzel Lothar Fürst
  263
Metz, Marie 23, 41f.
Miller, Arthur 243
Mistinguett 67

Molnár, Franz 257
Moltke, Alexandra 103
Monroe, Marilyn 251
Moran, George
  (»Bugs«) 102
Mörtl, Melitta 18
Moser, Hans 134, 136f.,
  192, 203
Moser, Josef 121
Mozart, Wolfgang
  Amadeus 234–236,
  278, 287

Ness, Eliot 102
Neumayer, Michael
  194
Neumayer, Susanne
  194f.
Norman, Helene 199
Novotná, Jarmila 27

Obolensky, Ivan Prinz
  276
Obolensky, Sergei Prinz
  276
Oistrach, David 65
Öllinger, Hans 121
O'Neill, Eugene 245
Oppenheimer, Robert
  243
Orsolics, Hans 179
Orth, Elisabeth 144,
  207

Paget, Charles, 6th
  Marquess of
  Anglesey 276–278
Paget, Marjorie,
  Marchioness of
  Anglesey 276
Paleczny, Alfred 18, 169
Papházay, Emmy 58
Papouschek, Helga 18
Paul, Franz 199
Paulette, Hochstaplerin
  68
Pavarotti, Luciano 239
Peichl, Elfriede 155
Peichl, Gustav 154–156
Peichl, Ina 18, 155
Peichl, Markus 155
Peichl, Sebastian 18,
  155
Perotta, Tony 100
Peter, Friedrich 126
Pfandler, Maria 140
Pfister, Werner 238
Pickford, Mary 245
Portisch, Edgar 216
Portisch, Gertraude
  (»Traudi«, geb. Reich)
  216
Portisch, Hugo 16, 192,
  214–216
Prawy, Marcel 16, 192,
  211–213, 232
Presley, Deborah 251

Namenregister

Presley, Elvis 251
Proksch, Udo 178
Puccini, Giacomo 225

Quidenus, Dorothea
(geb. Leithe) 18,
50–53, 56, 60
Quidenus, Nikolaus 18

Raab, Julius 15,
113–118
Radvanyi, Robert
(»Bobby«) 50
Rathkolb, Oliver 18,
186
Reder, Walter 126
Reich, Traudi siehe
Portisch, Gertraude
Reichert, Heinz 34
Reinhardt, Max 202,
206, 272, 274f.
Reisinger, Franz 18
Renner, Karl 15, 113,
145–151
Rethel, Simone 197
Rezzori, Gregor von
65
Riegler, Walter 18,
20–22, 30f., 33, 48, 50,
52, 61
Ries, Angela 36f., 45
Rießen, Irmgard 200f.
Riff, Sepp 215

Roda Roda, Alexander
138, 163
Rösch, Otto 121
Rosenfeld, Jakob 16,
173–175
Rossini, Gioachino 235
Roth, Joseph 65
Rothenberger,
Anneliese 236
Rothschild, Nathaniel
Baron 170
Rubinstein, Helena 65
Rudhof, Konrad
(»Conny«) 179
Rudolf, Kronprinz 14,
71, 85–87, 139
Rudolf, Leopold 179
Rühmann, Heinz 203
Ryan, Don 90

Sacher, Anna 34f., 176
Sahl, Reinhold 18, 187
Schärf, Adolf 113, 118,
148
Schickel, Richard 249
Schikaneder, Emanuel
42
Schirach, Baldur von
182–186, 188f.
Schlesinger, Gertrud
siehe Hofmannsthal,
Gertrud von
Schmalvogel, Karl 167

Schmetterer, Christoph
18, 44
Schnitzler, Arthur 17,
180, 266–268
Schober, Johann 164
Schratt, Katharina 71,
82f.
Schubert, Franz 236,
265
Schumann, Robert 236
Schuschnigg, Kurt von
69, 117
Schwarz, Otto 18, 36
Sedlnitzky, Josef Graf
162f.
Seitz, Karl 15, 150f.
Shakespeare, William
82
Shaw, George Bernard
209
Simpson, Wallis 67
Sinatra, Frank 103
Skoda, Albin 205
Sloman, Edward 90
Smetana, Friedrich 235
Snyder, Timothy 66f.
Sophie, Herzogin von
Alençon 80
Spera, Danielle 287
Spiegelfeld, Markus 18,
153
Stadion, Johann
Philipp Graf 264

Namenregister

Staribacher, Gertrude 122

Staribacher, Josef 15, 119–131

Stauffenberg, Claus Schenk Graf 113

Steiger, Eduard von 73, 75

Steinbeck, John 255

Steiner, Franz 224

Steiner, Maria 18

Stephanie von Belgien, Kronprinzessin 71, 86–89

Stolz, Einzi 156–159

Stolz, Hans 18

Stolz, Robert 156–159

Strasberg, Lee 254

Strauss, Adele 224, 229f.

Strauss, Alice 230

Strauss, Angelika (»Lili«, geb. Dittrich) 224, 234

Strauss, Anna 17, 230, 232–234

Strauss, Anna (geb. Streim) 232

Strauss, Eduard 229f., 232

Strauss, Dr. Eduard 18, 229f.

Strauss, Ferdinand 232

Strauss, Henriette (»Jetty«, geb. Treffz) 222–224, 233

Strauss, Johann (Sohn) 16f., 58, 213, 222–234, 287

Strauss, Johann (Vater) 232

Strauss, Josef 230, 232

Strauss, Caroline 230

Strauss, Richard 211, 272

Strauss, Therese 17, 230, 232–234

Streissler, Erich 18

Streissler, Monika 18

Stroheim, Erich von 90

Tauber, Richard 27, 212

Taylor, Elizabeth 255

Teriipaia, Tarita 248, 250

Torrio, John 99

Tramitz, Monica 203

Treffz, Henriette (»Jetty«) siehe Strauss, Henriette

Treumann, Louis (eig. Alois Pollitzer) 40f., 45

Tschechow, Anton 206

Turnupseed, Donald 253f.

Van der Bellen, Alexander 285–287

Vécsei, Paul 18

Vetsera, Mary 85, 139

Vollmoeller, Karl Gustav 274–276

Wagner, Richard 15, 105f., 213

Waldheim, Kurt 215

Wayne, John 91

Weigel, Hans 201

Weihs, Oskar 121

Weißberger, Ferdinande (»Ferry«) 34f.

Welitsch, Ljuba 167

Wengraf, Senta 211

Wessely, Anna (geb. Orth) 210

Wessely, Carl 210

Wessely, Josefine 210

Wessely, Paula 16, 144f., 180, 192, 201, 206–210

Widter, Katharina 168

Widter, Klara 168

Wiesenthal, Simon 121, 126f.

Wilczek, Johann (Hans) Nepomuk Graf 170

Namenregister

Wilhelm II., Deutscher
Kaiser 65f.
Wilhelm, Erzherzog
14, 64–70
Williams, Tennessee
251
Willner, Alfred Maria
34
Winkler-Gürtler,
Alexandra 287
Wolfenau, Dagmar

Nicolics-Podrinje
Freifrau von 92
Wood, Natalie 255
Woodward, Joanne 251
Wuich, Anton 138
Wunderlich, Eva 237f.
Wunderlich, Fritz 16,
234–239
Wütherich, Rolf 253

Xuancheng, Zhou 174

Yale, Frankie 99f.

Zernatto, Otto 114
Zilk, Helmut 158
Zita von Bourbon-
Parma, Kaiserin
von Österreich
68
Zuckmayer, Carl 209,
260
Zweig, Stefan 269